A reflexão e a prática no ensino

7

Geografia

Blucher

A reflexão e a prática no ensino

7

Geografia

Márcio Rogério de Oliveira Cano
coordenador

ROBSON DA SILVA PEREIRA
autor

Coleção A reflexão e a prática no ensino - Volume 7 - Geografia
MÁRCIO ROGÉRIO DE OLIVEIRA CANO (coordenador)
©2012 ROBSON DA SILVA PEREIRA
Editora Edgard Blücher Ltda.

Blucher

Rua Pedroso Alvarenga, 1245, 4º andar
04531-012 – São Paulo – SP – Brasil
Tel.: 55 11 3078-5366
editora@blucher.com.br
www.blucher.com.br

Segundo o Novo Acordo Ortográfico, conforme
5. ed. do *Vocabulário Ortográfico da Língua
Portuguesa*, Academia Brasileira de Letras,
março de 2009

É proibida a reprodução total ou parcial por
quaisquer meios, sem autorização escrita da
Editora.

Todos os direitos reservados pela Editora Edgard
Blücher Ltda.

Ficha catalográfica

Pereira, Robson da Silva
Geografia / Robson da Silva Pereira; Márcio
Rogério de Oliveira Cano, coordenador. --
São Paulo: Blucher, 2012. -- (Coleção a reflexão
e a prática no ensino; 7)

Bibliografia
ISBN 978-85-212-0663-7

1. Geografia - Estudo e ensino 2. Prática de
ensino I. Cano, Márcio Rogério de Oliveira.
II. Título. III. Série.

12-05518	CDD-910.7

Índices para catálogo sistemático:
1. Reflexões e prática no ensino de geografia
910.7

Sobre os autores

MARCIO ROGÉRIO DE OLIVEIRA CANO (COORD.)

Mestre e doutorando pelo Programa de Estudos Pós-Graduados em Língua Portuguesa da Pontifícia Universidade Católica de São Paulo. Desenvolve pesquisas na área de Ensino de Língua Portuguesa e Análise do Discurso. Possui várias publicações e trabalhos apresentados na área, além de vasta experiência nos mais variados níveis de ensino. Também atua na formação de professores de Língua Portuguesa e de Leitura e produção de textos nas diversas áreas do conhecimento nas redes pública e particular.

ROBSON DA SILVA PEREIRA

Professor de Geografia nas redes municipal e estadual de ensino em São Paulo. Tem longa experiência como docente em vários níveis de ensino, além de publicações de material didático de geografia para a Educação Básica. É graduado em Geografia, com licenciatura plena pela Universidade de Mogi das Cruzes (UMC) e mestre em Educação: Psicologia da Educação, pela Pontifícia Universidade Católica de São Paulo (PUC-SP).

Aos meus alunos

Apresentação

A experiência é o que nos passa, o que nos acontece, o que nos toca. Não o que se passa, não o que acontece, ou o que toca. A cada dia se passam muitas coisas, porém, ao mesmo tempo, quase nada nos acontece. Dir-se-ia que tudo o que se passa está organizado para que nada nos aconteça. Walter Benjamin, em um texto célebre, já observava a pobreza de experiências que caracteriza o nosso mundo. Nunca se passaram tantas coisas, mas a experiência é cada vez mais rara.

Jorge Larrosa Bondía, 2001,
I Seminário Internacional de Educação de Campinas.

Esse trecho de uma conferência de Larrosa é emblemático dos nossos dias, da nossa sociedade do conhecimento ou da informação. Duas terminologias que se confundem muitas vezes, mas que também podem circular com conceitos bem diferentes. Vimos, muitas vezes, a sociedade do conhecimento representada como simples sociedade da informação. E não é isso que nos interessa. Em uma sociedade do conhecimento, podemos, por um lado, crer que todos vivam o conhecimento ou, por outro, que as pessoas saibam dele por meio de e como informação. Nunca tivemos tanto conhecimento e nunca tivemos tantas pessoas informadas e informando. Mas a experiência está sendo deixada de lado.

O grande arsenal tecnológico de memorização e registro, em vez de tornar as experiências do indivíduo mais plenas, tem esvaziado a experiência, já que todos vivem a experiência do outro, que vive a experiência do outro, que vive a experiência do outro... Quando não tínhamos muito acesso aos registros da história, era como se vivêssemos o acontecimento sempre pela primeira vez. Hoje, parece que tudo foi vivido e está registrado em algum lugar para que possamos seguir um roteiro. Isso é paradoxal.

No entanto, não compactuamos com uma visão pessimista de que tudo está perdido ou de que haja uma previsão extremamente desanimadora para o futuro, mas que, de posse do registro e do conhecimento, podemos formar pessoas em situações de experiências cada vez mais plenas e indivíduos cada vez mais completos. E parece-nos que a escola pode ser um lugar privilegiado para isso. Uma escola dentro de uma sociedade do conhecimento não deve passar informações, isso os alunos já adquirem em vários lugares, mas sim viver a informação, o conhecimento como experiência única, individual e coletiva.

Tendo a experiência como um dos pilares é que essa coleção foi pensada. Como conversar com o professor fazendo-o não ter acesso apenas às informações, mas às formas de experienciar essas informações juntamente com seus alunos? A proposta deste livro é partir de uma reflexão teórica sobre temas atuais nas diversas áreas do ensino, mostrando exemplos, relatos e propondo formas de tornar isso possível em sala de aula. É nesse sentido que vai nossa contribuição. Não mais um livro teórico, não mais um livro didático, mas um livro que fique no espaço intermediário dessas experiências.

Pensando nisso como base e ponto de partida, acreditamos que tal proposta só possa acontecer no espaço do pensamento interdisciplinar e transdisciplinar. Tal exercício é muito difícil, em virtude das condições históricas em que o ensino se enraizou: um modelo racionalista disciplinar em um tempo tido como produtivo. Por isso, nas páginas desta coleção, o professor encontrará uma postura interdisciplinar, em que o tema será tratado pela perspectiva de uma área do conhecimento, mas trazendo para o seu interior pressupostos, conceitos e metodologias de outras áreas. E também encontrará perspectivas transdisciplinares, em que o tema será tratado na sua essência, o que exige ir entre, por meio e além do que a disciplina permite, entendendo a complexidade inerente aos fenômenos da vida e do pensamento.

Sabemos, antes, que um trabalho inter e transdisciplinar não é um roteiro ou um treinamento possível, mas uma postura de indivíduo. Não teremos um trabalho nessa perspectiva, se não tivermos um sujeito inter ou transdisciplinar. Por isso, acima de tudo, isso é uma experiência a ser vivida.

Nossa coleção tem como foco os professores do Ensino Fundamental do Ciclo II. São nove livros das diversas áreas que normalmente concorrem no interior do espaço escolar. Os temas tratados são aqueles, chave para o ensino, orientados pelos documentos oficiais dos parâmetros de educação e que estão presentes nas pesquisas de ponta feitas nas grandes universidades. Para compor o grupo de trabalho, convidamos professoras e professores de cursos de pós-graduação, juntamente com seus orientandos e orientandas de doutorado e de mestrado e com larga experiência no ensino regular. Dessa forma, acreditamos ter finalizado um trabalho que pode ser usado como um parâmetro para que o professor leia, possa se orientar, podendo retomá-lo sempre que necessário, juntamente com outros recursos utilizados no seu dia a dia.

Márcio Rogério de Oliveira Cano
Coordenador da coleção

Prefácio

Este livro tem como objetivo contribuir com o trabalho pedagógico do professor de geografia da Educação Básica. Seu conteúdo foi pensado para que, dentro do universo da geografia escolar, pudessem ser abordados alguns dos temas que normalmente fazem parte do currículo dessa disciplina. Entre as preocupações presentes nos textos aqui apresentados, está a de colaborar também para a reflexão conjunta entre professor e alunos na construção coletiva do conhecimento. Pautados pela possibilidade de desenvolvimento do trabalho pedagógico interdisciplinar, apresentamos temas que favorecem o diálogo da geografia com outras matérias escolares. Dessa forma, propomos ações que buscam essa interação, pois a vemos como necessária no cotidiano da escola e essencial à relação do ensino com a aprendizagem.

Muito já se falou que a escola necessita ser revista, que seus procedimentos estão precisando de renovação, que ela deve ser reinventada etc. Concordamos que há uma necessidade de mudança, mas sabemos que não há uma fórmula mágica que irá transformá-la em um modelo que seja ideal, pois sua a transformação, a nosso ver, deve ser diária, permanente. É o movimento constante de mudança da realidade que exige contínua renovação do conhecimento. Assim, a escola e a geografia escolar também estão envolvidas nesse movimento, exigindo, cada vez mais, aprimoramento de seus atores.

A geografia, como qualquer outra matéria, tem passado por mudanças. Temas considerados tradicionais são revistos e complementados, enriquecendo sua abordagem. Em relação à geografia ensinada nas escolas, aumentou muito nos últimos anos a disponibilidade de obras que visam a seu processo de ensino e aprendizagem, e muitas delas oferecem boas contribuições para o trabalho do professor, dialogando com suas necessidades por meio de uma linguagem clara e objetiva. Vemos essa realidade como um grande avanço para a geografia escolar.

Este livro, composto por nove capítulos, também fala de geografia e de ensino.

No primeiro capítulo abordamos o pensamento geográfico e os conceitos estruturantes dessa ciência com a finalidade de inserir o aluno nas possibilidades de análise do espaço propostas pela geografia. No Capítulo 2, é tratado um tema interdisciplinar: a sociedade de consumo. Relevante por discutir questões voltadas ao cotidiano, este é um dos temas propostos pelos Parâmetros Curriculares Nacionais (PCN) à leitura e compreensão do espaço geográfico.

Introduz-se então, no Capítulo 3, a análise do meio ambiente por meio das questões relacionadas às principais preocupações mundiais atuais, como, por exemplo, o debate em torno do que se acredita que o aquecimento global seja um fenômeno antropogênico. No Capítulo 4, é enfocado o relevo, no Capítulo 5, o clima, e no Capítulo 6, a água e a vegetação, temas clássicos da geografia física. A abordagem geográfica desses assuntos é apresentada com o intuito de estabelecer um diálogo com outras disciplinas.

O Capítulo 7 aborda a Terra e as possibilidades de compreensão dos fenômenos que envolvem o planeta, tanto os naturais quanto aqueles criados pelo homem para se organizar no espaço, como as coordenadas geográficas e os fusos horários. Nesse capítulo, buscou-se uma explanação mais ampla de fenômenos astronômicos e também de alguns acontecimentos históricos.

No Capítulo 8 é apresentado outro tema tradicional da geografia escolar: a população. Buscam-se analisar as decorrências de sua evolução e os aspectos relacionados à evolução da dinâmica populacional. E, finalmente, no Capítulo 9 é abordado um tema da geografia econômica, em que são discutidos os recursos energéticos.

Comentários pertinentes ao tema tratado, sugestões de páginas da Internet para consultas e/ou pesquisas e de alguns filmes, atividades para serem desenvolvidas com os alunos, sugestões de leitura e bibliografia acompanham os capítulos.

Esperamos que este livro também possa contribuir para que a relação do ensino com a aprendizagem seja cada vez mais dialógica e resulte em uma construção de conhecimentos relevantes para nossos alunos.

Robson da Silva Pereira

Conteúdo

1. GEOGRAFIA, UM POUCO DE HISTÓRIA E CONCEITOS FUNDAMENTAIS 21

1.1 O QUE É GEOGRAFIA? BREVE RELATO.. 22

1.2 CONCEITOS ESTRUTURANTES.. 27

      LUGAR... 27

      PAISAGEM 28

      TERRITÓRIO 29

      REGIÃO 30

      ESPAÇO 30

1.3 TRABALHANDO O TEMA COM OS ALUNOS 31

1.4 PARA FINALIZAR 36

1.5 SUGESTÕES DE LEITURA.. 37

1.6 BIBLIOGRAFIA 38

2. A SOCIEDADE DE CONSUMO... 43

2.1 CONSUMO *VERSUS* CONSUMISMO 46

2.2 UM DOS EFEITOS DA SOCIEDADE DE CONSUMO: O LIXO 49

2.3 SOMOS O QUE COMEMOS: FOME E EXCESSO DE COMIDA 50

2.4 TRABALHANDO O TEMA COM OS ALUNOS 53

2.5 PARA FINALIZAR 56

2.6 SUGESTÕES DE LEITURA.. 57

2.7 BIBLIOGRAFIA 58

3. O MEIO AMBIENTE 61

3.1 CULTURA E CIÊNCIA... 63

3.2 A RESPOSTA DA NATUREZA E A REMEDIAÇÃO HUMANA 66

3.3 INVERSÃO TÉRMICA E CHUVA ÁCIDA 69

3.4 UM MUNDO COM DESENVOLVIMENTO SUSTENTÁVEL?................... 70

3.5 TRABALHANDO O TEMA COM OS ALUNOS 74

3.6 PARA FINALIZAR 77

3.7 SUGESTÕES DE LEITURA.. 79

3.8 BIBLIOGRAFIA 80

4. O RELEVO TERRESTRE 85

4.1 AS FORMAS DA SUPERFÍCIE TERRESTRE 86

CONSTITUIÇÃO DA TERRA 86

A LITOSFERA, OS MINERAIS E AS ROCHAS 89

A TECTÔNICA DE PLACAS 91

A SUPERFÍCIE 92

4.2 TRABALHANDO O TEMA COM OS ALUNOS 94

4.3 PARA FINALIZAR 98

4.4 SUGESTÕES DE LEITURA.. 99

4.5 BIBLIOGRAFIA 100

5. O CLIMA TERRESTRE 105

5.1 FATORES DO CLIMA 107

LATITUDE 108

ALTITUDE 109

CORRENTES MARÍTIMAS.. 110

MASSAS DE AR 110

5.2 ALTERAÇÕES CLIMÁTICAS 112

5.3 TRABALHANDO O TEMA COM OS ALUNOS 114

5.4 PARA FINALIZAR 117

5.5 SUGESTÕES DE LEITURA.. 118

5.6 BIBLIOGRAFIA 119

6. A VEGETAÇÃO E A ÁGUA.. 123

6.1 BRASIL: ALGUMAS DAS PRINCIPAIS PAISAGENS VEGETAIS 125

6.2 A ÁGUA – RIOS, LAGOS E MARES... 127

6.3 TRABALHANDO OS TEMAS COM OS ALUNOS 131

6.4 PARA FINALIZAR 135

6.5 SUGESTÕES DE LEITURA.. 137

6.6 BIBLIOGRAFIA 138

7. O PLANETA TERRA 143

7.1 DE ONDE VIEMOS?... 144

7.2 A CORRIDA ESPACIAL 146

7.3 A TERRA COMO PLANETA 148

    OS MOVIMENTOS DA TERRA E SEUS EFEITOS.. 148

    AS COORDENADAS GEOGRÁFICAS 150

    OS FUSOS HORÁRIOS 151

7.4 A LUA.. 153

7.5 TRABALHANDO OS TEMAS COM OS ALUNOS 154

7.6 PARA FINALIZAR 158

7.7 SUGESTÕES DE LEITURA.. 160

7.8 BIBLIOGRAFIA 161

8 . POPULAÇÃO.. 165

8.1 CRESCIMENTO DEMOGRÁFICO 166

8.2 DENSIDADE DEMOGRÁFICA E MIGRAÇÃO.. 170

8.3 MORTALIDADE INFANTIL 173

8.4 POPULAÇÃO, CULTURA E TERRITÓRIO.. 174

8.5 TRABALHANDO OS TEMAS COM OS ALUNOS 176

8.6 PARA FINALIZAR 179

8.7 SUGESTÕES DE LEITURA.. 181

8.8 BIBLIOGRAFIA 182

9. RECURSOS ENERGÉTICOS... 185

9.1. RECURSOS RENOVÁVEIS.. 186

    BIOMASSA 186

    O ETANOL NO BRASIL 187

    HIDROELETRICIDADE.. 189

    ENERGIA EÓLICA... 190

    ENERGIA SOLAR.. 193

    ENERGIA GEOTÉRMICA 193

9.2 RECURSOS NÃO RENOVÁVEIS 194

    COMBUSTÍVEIS FÓSSEIS 194

    ENERGIA NUCLEAR 198

9.3 TRABALHANDO O TEMA COM OS ALUNOS 199

9.4 PARA FINALIZAR 202

9.5 SUGESTÕES DE LEITURA... 203

9.6 BIBLIOGRAFIA... 204

1

Geografia, um pouco de história e conceitos fundamentais

A geografia, juntamente com outras ciências humanas, cumpre o importante papel de analisar e discutir a sociedade. Desse modo, entende-se que a reflexão acerca da estrutura dessa disciplina, assim como de seu objeto, feita especialmente com os alunos do Ensino Fundamental, no ciclo II, possa contribuir muito significativamente para a formação de um cidadão crítico em relação à compreensão da realidade. É a respeito dos conceitos estruturantes da geografia e de suas implicações que tratará este capítulo.

A geografia é a ciência que estuda a relação do homem com o meio. Dessa relação, surge o espaço em que vive a humanidade: o espaço geográfico, produto histórico e social formado pelo conjunto dos elementos naturais e dos objetos humanos.

Duas perguntas que nós, professores, devemos sempre nos fazer é: "Como podemos ensinar melhor um tema tão importante?" e "Em que o aprendizado da geografia contribui para o crescimento de nossos alunos?". Entendemos que as respostas a essas questões só podem ser encontradas individualmente por nós, professores de geografia, em nossas reflexões diárias a respeito do nosso trabalho pedagógico e, é claro, compartilhando nossas aspirações com os colegas em horários destinados a essas discussões. Tais questionamentos são, portanto, um exercício necessário.

1.1. O QUE É GEOGRAFIA? BREVE RELATO

É certo que a resposta para a pergunta acima já foi dada diversas vezes e que, para nós, talvez não seja mais novidade tudo que se diz a respeito de sua definição. Mesmo neste texto, já foi mencionada uma tentativa de explicação de seu objeto. Todavia, não deixa de ser, por outro lado, muito interessante o debate em torno do significado desse saber.

Embora se trate de uma ciência relativamente nova, que se estruturou como tal somente no século XIX, a geografia tem a oferecer enorme contribuição para a compreensão da realidade.

O conhecimento geográfico nos remete à antiguidade, com os gregos que estudavam a forma da Terra e tentavam traçar um mapa que representasse o mundo. O filósofo jônico Anaximandro (610-546 a. C.) foi o primeiro a realizar tal proeza com a confecção de um mapa circular. Heródoto (484-424 a. C.) por meio de suas inúmeras viagens pôde corrigir mapas feitos até então e descrever com mais propriedade vários lugares visitados. Foi ele, por exemplo, que primeiro descreveu "o mar Cáspio como um mar fechado" (KRETSCHMER, 1942, p. 15). Entretanto, é Estrabão (63 a. C.- 23 d. C.) que é considerado o "pai" da geografia. Foi a partir de viagens pelos países até então conhecidos que escreveu, em 17 volumes, uma de suas mais importantes obras, intitulada *Geografia*, na qual, além de descrever os aspectos geográficos, tratou também da história e da cultura dos povos. Assim, ao longo de décadas, séculos e milênios, com a ajuda de viagens e expedições, o conhecimento geográfico foi se aperfeiçoando.

Longe de estabelecer aqui um tratado a respeito da história da geografia, é importante perceber, entretanto, que sua definição como ciência vai ocorrer muito depois de inúmeros e importantes acontecimentos que envolveram a necessidade de mais conhecimento do espaço terrestre.

Há bem pouco tempo uma grande controvérsia ainda pairava a respeito da definição da matéria a ser tratada pela geografia, já que a significação de seu objeto de estudo vivia uma crise. Seu amplo leque de análise, que lhe confere múltiplas intervenções, é um dado importante que ajuda a entender tal indefinição. Embora possa parecer prejudicial ao desenvolvimento do conhecimento geográfico, a indefinição a que se refere aqui pode ser vista como benéfica para a construção e desenvolvimento dessa ciência, já que a construção da geografia passou a ser feita com a observância de diversas concepções a respeito de seu objeto, fato que contribuiu para seu aprofundamento teórico.

Filósofos jônicos ou jônios: esses filósofos podem ser considerados os primeiros geógrafos científicos. Posterior a Anaximandro, Hecateo de Mileto, cujos mapas descreviam toda a região da chamada Ásia Menor, figura como importante estudioso da geografia no período da Antiguidade. Embora constituíssem apenas uma das quatro etnias gregas, jônios eram considerados sinônimo de gregos. (Cf. KRETSCHMER, 1942).

ATENÇÃO

Do ponto de vista pedagógico, a geografia escolar contribui significativamente para o trabalho interdisciplinar, justamente por abranger conhecimentos de outras ciências.

Ao longo da construção da geografia, foram várias as definições que lhe foram atribuídas, como aquela segundo a qual a geografia seria "o estudo da superfície terrestre", ou, "o estudo da paisagem" ou, ainda, " o estudo do espaço" (Cf. MORAES, 1983, p. 13-16), entre outros. Percebe-se que há certa conexão entre tais definições ao mesmo tempo que se mostram um tanto vagas.

As radicais transformações pelas quais o conhecimento do espaço passou a partir das inúmeras conquistas resultantes de viagens de caráter, sobretudo, exploratório, que descortinaram um novo mundo, não foram em vão, pois essas descobertas passaram a ser sistematizadas por estudiosos que se destacaram no desenvolvimento da ciência geográfica. Entre seus precursores está Humboldt que, por meio da observação direta, passou a estabelecer os vínculos entre os fenômenos naturais em relação à sua ocorrência no espaço. Para ele, a geografia compunha um conjunto de saberes dos quais ela seria uma espécie síntese dos conhecimentos relativos à natureza terrestre. Ritter, também alemão, propõe, sem desconsiderar a prevalência da natureza e a observação empírica dos fenômenos, a preocupação com o desenvolvimento da vida humana (Cf. KRETSCHMER, 1942).

Depois de Humboldt e Ritter, foi Ratzel, também alemão, que primeiro organizou um ramo da geografia voltado ao estudo da interação do homem com a natureza, ao qual ele denominou Antropogeografia. A proposta desse autor consistia em afirmar que o ambiente interfere no desenvolvimento de uma sociedade na medida da disponibilidade dos recursos naturais existentes e, dependendo também de como se daria tal relação, haveria ou não obstáculo ao progresso. O desenvolvimento seria, assim, influenciado por um processo dinâmico e constante de adaptação ao ambiente, e não meramente um resultado direto da predominância da natureza, como o clima, por exemplo, sobre a sociedade.

Para Ratzel, o progresso estaria ligado ao uso permanente dos recursos oferecidos pelo meio, cabendo ainda a busca pela ampliação do espaço considerado necessário ao atendimento das necessidades da sociedade. Para justificar tal afirmação o autor elabora o conceito de espaço vital.

Embora o autor não falasse em determinismo e sim em influência da natureza na vida humana, foi com base em seus postulados que surgiu, posteriormente, a concepção determinista, proveniente da chamada "escola alemã" da geografia. Ainda sobre Ratzel, cabe lembrar que sua proposta também fundamentou os

---

Alexander von Humboldt (1769-1859): naturalista alemão que pesquisou diferentes áreas do conhecimento. Percorreu diversas partes do mundo e desenvolveu importantes estudos no continente americano que resultaram em novas descobertas nas áreas da botânica, da geografia, da meteorologia, entre outras. Foi ele quem descobriu e descreveu a corrente marítima que leva o seu nome. Respeitado estudioso, teve diversas obras publicadas, entre as quais se destaca *Cosmos*, em que buscou descrever e explicar fenômenos da natureza.

Karl Ritter (1779-1859): filósofo e historiador. Ele incorporou o homem no centro de seus estudos, pois descreveu a Terra considerando sua ocupação espacial. Ao analisar o curso histórico e social das populações, Ritter também buscava instituir um estudo das localidades.

Friedrich Ratzel (1844-1904): autor de obras de grande vulto como *Antropogeografia* e *Geografia Política*, com as quais apresentou sua teoria que muito contribuiu para o avanço da geografia como ciência.

Espaço vital: para uma sociedade, espaço que corresponde ao território, cujo domínio consiste em um direito, com a finalidade de alcançar o equilíbrio entre suas necessidades sociais e a disponibilidade de recursos naturais. Entretanto, essa concepção teórica contribuiu para referendar o expansionismo imperial alemão liderado por Otto von Bismark (1815-1898) que resultou em conquistas de territórios e unificação da Alemanha.

Paul Vidal de La Blache (1845-1918): considerado o fundador da Escola Francesa de Geografia, combateu a Antropogeografia de Ratzel argumentando que seu "determinismo" não considerava as possibilidades resultantes do relacionamento permanente e cumulativo do homem com a natureza. Com um discurso mais liberal, atuava em favor da burguesia francesa e, assim como seu colega alemão, utilizou para isso as formulações teóricas da "sua" geografia.

Yves Lacoste (1929 -): francês, é um dos maiores expoentes do pensamento geográfico contemporâneo e um dos nomes mais influentes do chamado movimento de renovação da geografia. Autor de importantes obras, com destaque para *A geografia - isso serve, em primeiro lugar, para fazer a guerra*, que por seu pioneirismo influenciou gerações de geógrafos. É também um dos mais importantes colaboradores da *Hérodote*, a maior revista francesa de geografia.

princípios da geopolítica, segundo a qual as conquistas territoriais fundamentadas em ações militares nada mais são que a legítima ação do Estado sobre o espaço desejável (Cf. MORAES, 1983).

La Blache produziu um novo discurso geográfico, no qual o homem não seria um ser absolutamente passivo, podendo interferir e modificar a natureza ao atuar sobre ela, superando seus obstáculos como a infertilidade do solo ou a largura de um rio, com a utilização de técnicas.

Esse autor "colocou o homem como um ser ativo, que sofre a influência do meio, porém que atua sobre este, transformando-o" (MORAES, 1983, p. 68). Por afirmar haver na relação homem-natureza possibilidades para alcançar um nível de desenvolvimento econômico, político e social desejável é que seu pensamento foi, mais tarde, chamado de possibilista. Portanto, La Blache é considerado o fundador do possibilismo, resultante da conhecida "escola francesa" da geografia.

Outros importantes geógrafos — como o anarquista francês Elisée Reclus (1830-1905) que fora aluno de Carl Ritter; o alemão Alfred Hettner (1859-1941); o norte-americano Richard Hartshorne (1899-1992), entre outros — produziram obras e formularam conceitos que também foram muito importantes para a constituição da geografia tal qual a concebemos atualmente. Inúmeros são os autores que discutem a história da construção do pensamento geográfico, entre os quais destacamos Kretschmer (1942), Moraes (1983), Moreira (2010), Santos (2002a).

Entretanto, é o movimento de renovação da geografia que vai, por meio de sua vertente "crítica", tentar romper com os fundamentos considerados tradicionais da disciplina. Entre os principais protagonistas desse campo do pensamento geográfico, encontra-se Yves Lacoste, cuja influência marxista é bem nítida em suas obras. Esse autor apresenta forte crítica ao modelo capitalista de sociedade e à sua forma de conceber o espaço; também se refere à geografia ensinada nas escolas, tratada por ele como "a geografia dos professores", ao afirmar que,

> *Desde o fim do século XIX, primeiro na Alemanha e depois sobretudo na França, a geografia dos professores se desdobrou como discurso pedagógico de tipo enciclopédico, como discurso científico, enumeração de elementos de conhecimento mais ou menos ligados entre si pelos diversos tipos de raciocínios, que têm todos um ponto comum: mascarar sua utilidade prática na conduta da guerra ou na organização do Estado. (LACOSTE, 2003, p.32).*

Além de Lacoste e outros destacados autores que contribuíram para a difusão do pensamento crítico da geografia, encontra-se Milton Santos. Sua ampla produção conta com obras de grande vulto como *O espaço dividido* (2008) e *Por uma geografia nova* (2002a), que se tornaram referências para a permanente construção do pensamento geográfico. Nessa última obra, o autor discute o desenvolvimento histórico da geografia, apreciando de forma crítica a proposta da geografia tradicional; avalia as indefinições que envolvem seu objeto e expõe sua concepção; trata também da crise da geografia e das propostas de renovação que surgiram. Sua análise profunda e envolvente busca, por meio de conceitos-chave como espaço, território, natureza e sociedade, entre outros, uma resposta para a questão central: o que é geografia?

A respeito de sua concepção da geografia, Santos (2002a, p. 261) não deixa dúvida quanto ao campo de atuação da ciência geográfica ao afirmar que

> *Uma ciência digna desse nome deve preocupar-se com o futuro. Uma ciência do homem deve cuidar do futuro não como um mero exercício acadêmico, mas para dominá-lo. Ela deve tentar dominar o futuro para o Homem, isto é, **para todos os homens** e não só para um pequeno número deles. Se o homem não for, também, um projeto, retorna ao homem animal que ele era quando, para assegurar a reprodução de sua própria existência, não comandava as forças naturais.*

> *Agora, que a natureza modificada pelo trabalho humano é cada vez menos a natureza amiga e cada vez mais a natureza hostil, cabe aos que a estudam uma vigilância redobrada. E a geografia, tantas vezes ao serviço da dominação, tem de ser urgentemente reformulada para ser o que sempre quis ser: uma ciência do homem. (Grifo do autor).*

Ao expor uma ideia do que a geografia pode ser, como se vê, o elevado trabalho de Milton Santos torna-se também provocador, no sentido de conduzir o leitor a uma reflexão sobre o papel dessa ciência perante os acontecimentos, tanto aqueles relativos à relação do homem com a natureza, quanto aqueles referentes às relações entre os homens, travadas em um modelo hegemônico de sociedade.

Na década de 1970, ganha vulto no Brasil o estudo da geografia pela corrente conhecida como geografia da percepção ou humanística. Valorizando a experiência vivida pelo indivíduo e

---

Milton Santos (1926-2001): geógrafo que foi considerado um dos mais importantes e influentes pesquisadores brasileiros e um dos expoentes do movimento de renovação crítica da geografia. Lecionou em diversas universidades, no País e no exterior, e, em 1994, recebeu o Vautrin Lud, principal prêmio internacional de geografia. É autor de vasta obra, que abrange cerca de 40 livros e 300 artigos.

Geografia da percepção ou humanística: escola filosófica fundamentada na fenomenologia, cujo pai é Edmund Husserl (1859-1938). Em linhas gerais, a fenomenologia busca a compreensão da essência dos fenômenos a partir daquilo que se vê. Pode-se dizer, desse modo, que se trata de uma ciência que visa compreender o sentido das coisas.

Yi-fu Tuan (1930-): geógrafo chinês que se tornou um dos maiores expoentes do pensamento geográfico ao sistematizar estudos da corrente conhecida por geografia humanística. Publicou diversas obras, entre as quais destaca-se *Topofilia: um estudo da percepção, atitudes e valores do meio ambiente*, na qual discute a ideia de pertencimento das pessoas em relação ao meio.

sua relação com o lugar, por meio de sua cultura, o objetivo dessa corrente é buscar a essência dos objetos que compõem a paisagem a partir do que se observa. Assim, o espaço vivido, rico de simbolismos e dinâmico, surge como um elemento crucial para a compreensão da realidade.

Um dos principais autores dessa corrente da geografia, Tuan, afirma que o homem possui experiências que podem ser muito significativas com o lugar em diferentes escalas. O lugar, desde um espaço reduzido até outros bem mais amplos, passa a ter grande importância, à medida que signifique mais para o indivíduo.

Concordamos com o que consta no PCN de Geografia, 1998, que

> [...] é fundamental que o espaço vivido pelos alunos continue sendo o ponto de partida dos estudos [...]. A compreensão de como a realidade local relaciona-se com o contexto global é um trabalho a ser desenvolvido durante toda a escolaridade, de modo cada vez mais abrangente, desde os ciclos iniciais. (1998, p. 30).

Ainda de acordo com os PCN de Geografia (1998, p. 23):

> [...] As pessoas têm a liberdade de dar significados diferentes para as coisas, e no seu cotidiano elas convivem com esses significados. Uma paisagem, seja de uma rua, de um bairro, ou de uma cidade, além de representar uma dimensão concreta e material do mundo, está impregnada de significados que nascem da percepção que se tem dela. No seu cotidiano os alunos convivem de forma imediata com essas representações e significados que são construídos no imaginário social. Quando um aluno muda de rua, de escola, de bairro ou de cidade, ele não sente apenas as diferenças das condições materiais nos novos lugares, mas também as mudanças de símbolos, códigos e significados com os lugares. Em cada imagem ou representação simbólica, os vínculos com a localização e com as outras pessoas estão a todo momento, consciente ou inconscientemente, orientando as ações humanas.

O estudo da história do pensamento geográfico é fundamental para a compreensão do objeto dessa ciência, tanto a nós professores, quanto aos nossos alunos que, desse modo, poderão, entre outros objetivos, entender melhor o sentido da geografia como disciplina escolar.

A geografia, dependendo da maneira como é ensinada, se fará presente na realidade de nossos alunos, pois, como ciência social, estuda o espaço construído pelo homem. Os alunos poderão, por meio da compreensão dos fenômenos geográficos, ampliar os conhecimentos advindos de sua experiência com o espaço vivido, do lugar em que se reconhecem, de sua existência, enfim. Um grande desafio às aulas de geografia é o que os levará a estabelecer relações com distantes espaços, outros conjuntos sociais e novas perspectivas de leitura do mundo.

1.2. Conceitos estruturantes

De toda a discussão acerca de sua definição, funcionalidade etc., a geografia passou então a ser reconhecida como ciência que possui alguns conceitos fundamentais ou estruturantes, ou seja, um escopo a partir do qual se desenvolvem seus estudos, seja como ciência ou como disciplina escolar. Esses conceitos, que passaram a se constituir como parte do que convém chamar de uma "expressão geográfica", dando-lhe significados, podem ser definidos como sendo os seguintes: lugar, paisagem, território, região e espaço.

É importante lembrar que, para além dos seus conceitos fundamentais, a geografia e também outras disciplinas do Ensino Fundamental abarcam um conjunto de saberes vistos como essenciais à educação escolar, mas que estão relacionados a outras ciências que não fazem parte do currículo da escola. São exemplos: temas da astronomia, da geologia, da economia, entre outros.

> **ATENÇÃO**
>
> *Os temas da astronomia são um bom exemplo de conteúdos que aparecem na matéria de geografia, mas também na matéria de ciências no Ensino Fundamental.*

Lugar

O conceito de lugar é muito utilizado para se referir às ideias de reconhecimento, identidade, pertencimento etc.

O lugar é aquele ambiente em que as pessoas se reconhecem por se sentirem parte de um espaço detentor de características intrínsecas produzidas por uma comunidade. Tais características dão uma identidade ao espaço, identidade esta proveniente das pessoas, que, por meio de sua cultura, imprimem marcas peculiares ao lugar. Com isso, o sentimento de pertencimento torna-se inevitável aos grupos sociais que constituem um espaço repleto de histórias, contradições, sentimentos etc., diariamente vivenciados. Essa é a ideia central contida na definição do lugar em geografia, encontrada, inclusive, na maioria dos livros didáticos que chegam aos nossos alunos.

O lugar, por ter aspectos bastante específicos, também pode ser visto como um *locus* de resistência à ideia globalizante de homogeneização dos espaços. Assim, o lugar, espaço em que há uma identificação afetiva entre as pessoas, se configuraria também como espaço de resistência, de enfrentamento ao que vem de fora.

Há, entretanto, lugares em que o sentimento de pertencimento, a identidade ou afetividade comum não existem. Trata-se do não lugar (Cf. CASTROGIOVANNI, 2009), que geralmente se constitui de espaços sem conteúdo histórico ou de passagem, como uma grande avenida ou um aeroporto.

Paisagem

Se você perguntar aos alunos o que é uma paisagem, é provável que respondam que é um lugar bonito como constatou Cavalcanti (2003, p. 49) em uma pesquisa realizada com alunos do Ensino Fundamental:

> *"[...] campo cheio de rosas, árvores dando fruto, tudo florido. Muita coisa boa", "um lugar grande... bonito", "paz, um lugar tranquilo", "árvores, coisas bonitas, assim, que aparece, que tá na nossa vista", "ah!... coisa bonita, que deve ser respeitada", "é um lugar marcante, um lugar bonito... lugar que marca sua consciência", "um negócio, assim pra enfeitar... um desenho, assim, como Jesus Cristo [...].*

A paisagem, como algo idealizado, não corresponde ao sentido dado a esse conceito na geografia, já que pode ser definida como aquilo que se vê, uma configuração resultante da experiência humana no espaço, contínua das relações entre o homem e a natureza.

Se, por exemplo, se tratar de construções urbanas, caracterizadas como sendo pobres, como no caso de uma favela, ou ricas, como no caso de condomínios de luxo; ou mesmo como um legado da natureza, em que seus elementos são predominantes ou únicos em sua constituição, estará se observando a paisagem. Desse modo, embora possa aparentar, ela não é algo estático, mas em constante transformação. Nas palavras de Milton Santos (2002b, p. 103), "[...]a rigor, a paisagem é apenas a porção da configuração territorial que é possível abarcar com a visão. [...] Nesse sentido a paisagem é transtemporal, juntando objetos passados e presentes, uma construção transversal".

TERRITÓRIO

O conceito de território pode ser relacionado à soberania de certo poder político sobre um determinado espaço. Visto desta forma, a concepção dessa categoria estará diretamente relacionada às relações de poder. Território é poder! Esta poderia ser a definição para território, considerando sua categorização apenas na geografia ou na ciência política. Há, porém, outras disciplinas, como a biologia, que também utilizam o conceito de território em algumas de suas definições. Na geografia, por exemplo, a interpretação desse conceito se dá com base nos aspectos naturais, e pode, por exemplo, estar associada ao *hábitat* de uma determinada espécie.

Visto também como um palco em que atuam forças políticas, constituído por uma rede de relações sociais, seus limites estariam definidos com o intuito de separar seus ocupantes dos "outros" que não perfazem aquele território. Assim, o espaço ocupado, delimitado e transformado em Estado corresponderia a um espaço territorializado. Também pode ser sinônimo de abrigo, proteção, especialmente se se considerar a necessidade que um Estado tem de proteger os recursos naturais de que dispõe, por estarem sujeitos a ocupações, invasões etc.

Vê-se, então, que as relações de poder parecem estar intrinsecamente presentes na efetivação de um território, um campo em que determinadas forças agem sobre uma base material.

Saquet (2010, p. 33), afirma que

> *A ideologia molda comportamentos e atitudes, condiciona normas e regras e vice-versa. O território, nesta multidimensionalidade do mundo, assume diversos significados, a partir de territorialidades plurais, complexas e em unidade. E esta é uma questão fundamental, que marcou a **redescoberta** do conceito de território sob **novas** leituras e interpretações: mudam os significados do território conforme se altera a compreensão das relações de poder. (Grifos do autor).*

Na escola, a sala de aula de uma turma qualquer se configura como o território daquela turma. A partir dessa ideia, podem se desenvolver concepções importantes, relacionadas a esse conceito, no trato do conhecimento geográfico, como fronteiras e limites, domínio do espaço físico, como ocorreu no período da colonização, ou domínio político-ideológico, como se tornou mais comum na contemporaneidade.

Região

Outro conceito fundamental em geografia, objeto de intensos debates e que tem sido discutido e reformulado ao longo da história do pensamento geográfico, é a região.

Sua origem etimológica tem relação com a ideia de poder. "A palavra região deriva do latim *regere*, palavra composta pelo radical *reg*, que deu origem a outras palavras como regente, regência, regra etc." (GOMES, 2003, p. 50). Regina – que em latim significa rainha – é outro bom exemplo de palavra derivada de região e que sugere soberania, domínio etc. A despeito da origem da palavra, o conceito de região pode ter sentidos variados como o de um caráter afetivo, vinculado ao sentimento de pertencimento, tornando-a uma referência para quem a habita, como ocorre com o conceito de lugar; por outro lado, pode também ter um cunho ideológico, com fins de manipulação política.

Tradicionalmente, região tem sua definição calcada em dois pontos de vista: de região natural, essencialmente representada pelos elementos que compõem a natureza e que "nasce, pois, da ideia de que o ambiente tem certo domínio sobre a orientação do desenvolvimento da sociedade" (Ibid., p. 55). E como região geográfica, que a partir da ação humana transformadora, passa a ser composta pelos objetos culturais e naturais.

A região, portanto, pode ser vista — e se trata de uma visão mais bem aceita — como uma espécie de síntese da relação intrincada entre os campos físico (natureza) e humano (sociedade), tornando-se "um produto único, sintético, formado pela inter-relação destes fatores combinados de forma variada" (Ibid., p. 56), cabendo à geografia não apenas descrever tal relação, mas, antes, interpretá-la.

Espaço

Dentre os cinco conceitos estruturantes da geografia (Cf. CORRÊA, 2003) é o espaço que, de alguma forma, permeia todos. É claro que, de acordo com as diferentes correntes que compõem a geografia, tais conceitos, por vezes, são diversamente definidos.

O espaço é, sem dúvida, o que mais bem expressa o objeto da geografia, estando presente em um leque de proposições que debatem os temas dessa ciência. Pode-se dizer até que a geografia se confunde com espaço, pois localiza e sistematiza os fenômenos no plano espacial. A geografia já foi entendida como sendo a "ciência responsável pela descrição do espaço" ou simplesmente como "estudo do espaço" etc. E, de fato, arriscamo-nos a dizer aqui que a geografia é a ciência do espaço.

Espaço é *lugar* quando se leva em conta que está em estreita correspondência com o social, com o vivido, gerando significado para as pessoas; é também o espaço visível, repleto de componentes humanos, como uma casa, um bairro, e/ou componentes naturais, formando as *paisagens*; por meio da política o espaço se transforma em *território* de variados contornos e concepções ideológicas; e, por fim, é também no espaço que se imbricam os campos físico e humano que constituem as *regiões*.

Longe de esgotar o assunto sobre esses temas, o que se pretendeu aqui foi expor, de maneira objetiva, os conceitos estruturantes da geografia, marcados por recortes econômicos, históricos, culturais etc., influenciados por diferenças e divergências até teóricas, que, sem dúvida, contribuem para os avanços que a geografia conheceu nos últimos tempos.

Contribuir com o estudo de todos esses conceitos geográficos em sala de aula, com os alunos, é o objetivo principal deste texto, de modo que, conhecendo seus elementos fundantes, a relação do ensino com a aprendizagem, dessa disciplina, poderá se tornar muito mais produtiva e interessante.

1.3. TRABALHANDO O TEMA COM OS ALUNOS

De acordo com os PCN, "[...] a geografia é uma área do conhecimento comprometida em tornar o mundo compreensível aos alunos, explicável e passível de transformações" (1998, p. 26).

As atividades que propomos a seguir buscam a compreensão de fenômenos geográficos por meio de atividades que valorizem a apreensão do espaço vivido. Fazendo jus à proposta da geografia da percepção, esperamos que a ciência geográfica ganhe sentido às turmas ao realizá-las.

a. Atividade 1: O lugar e a paisagem como objeto de estudo.

b. Objetivos: Analisar, descrever e explicar lugares e paisagens; reconhecer o lugar em que se vive como parte de uma identidade espacial coletiva; perceber a paisagem como parte do cotidiano, identificando as relações temporais e espaciais ali existentes; tomar ciência de que a paisagem é composta pelos objetos naturais e sociais e que não se trata de algo estático, mas, antes, suscetível às constantes transformações feitas de acordo com as necessidades da comunidade e/ou da sociedade.

c. Desenvolvimento:

Módulo 1: Concomitante às aulas que tratem dos conceitos estruturantes da geografia, especialmente lugar e paisagem, oriente os alunos para que observem atentamente, durante o trajeto que fazem de casa para a escola ou vice-versa, como se apresenta o lugar em que vivem.

Nesse trabalho de observação, deve-se atentar para os aspectos mais marcantes do lugar, analisando, por exemplo, os tipos de construções predominantes; se há mais residências, comércio ou indústrias; como é o movimento diário das pessoas, incluindo as crianças; como se dá a movimentação dos veículos e o transporte; quais são as instituições presentes no bairro, como igrejas, escolas, creches, clubes e outros. Enfim, explique aos alunos que eles devem fazer uma descrição abrangente das características principais que ajudem a revelar como é o lugar observado. O tempo para a realização da atividade ficará a critério do professor e dependerá das condições existentes; no entanto, cremos que dois ou três dias são suficientes para que os registros sejam feitos pelos alunos.

Módulo 2: Analise a devolutiva dos registros e a partir daí leve-os a refletir sobre o que observaram. Para apoiar a discussão, questione: Consideram ruas ou avenidas muito movimentadas? Há mais componentes naturais ou culturais na paisagem observada? O lugar transmite a impressão de organização ou de caos? A sensação é de segurança? Por quê? Enfim, elabore questionamentos que considere pertinentes para a realidade local, a fim de se obter uma ampla descrição. Os dados mais importantes resultantes dessa discussão também devem ser registrados.

Módulo 3: Após essa primeira rodada de debates, promova nova discussão, mas agora para além da descrição do lugar. A proposta é buscar os porquês daquela realidade com base no que foi observado e apontado nos registros. Procure deixar claro que existem motivos que explicam a pobreza, a riqueza, as diferenças socioeconômicas e todos os aspectos que marcam o espaço de vivência de todos nós e que também caracterizam as paisagens em que estamos inseridos e das quais, historicamente, fazemos parte. Estimule-os a falar sobre o significado que o lugar tem para cada um. Trabalhe abordando as causas do que eles consideram bom e do que consideram ruim no lugar em que vivem.

Módulo 4: Posteriormente às discussões e como resultado, elaborem, em grupo, um documento que contenha as observações e até propostas dos alunos para sanar eventuais problemas que afetam o bairro e/ou o que foi considerado como característica muito positiva, como algo novo ou algum evento ocorrido recentemente etc. Se for o caso, pode-se encaminhá-lo a autoridades competentes como administrações regionais ou subprefeituras para que tomem conhecimento dos relatórios dos alunos.

d. Avaliação: A partir do material que possuírem, solicite que elaborem a confecção de um texto que exprima, respectivamente, a descrição do lugar e as características da paisagem.

Explique que devem deixar claro quais os critérios que utilizaram para escolher e diferenciar os objetos que fazem parte do lugar, qual o sentimento que possuem em relação a ele etc. Trata-se de uma dimensão subjetiva, de o próprio aluno expressar o que sentiu ao realizar a tarefa, e explicar a sua produção. Espera-se que os textos revelem as visões e sentimentos que eles possuem em relação a esses dois importantes conceitos geográficos. Proponha que leiam para toda a turma o que escreveram.

a. Atividade 2: Desenho e paisagem.

b. Objetivos: Utilizar o desenho como forma de representação da paisagem; proporcionar situações de aprendizagem em que se perceba a existência de diferentes paisagens; desenvolver a capacidade de observação e de interpretação do espaço.

c. Desenvolvimento:

Antes, apresentamos uma breve justificativa a respeito do papel que o desenho possui no ensino de geografia.

> *Em um mundo cada vez mais tecnológico e sob o império das imagens produzidas-reproduzidas artificialmente, veiculadas mundialmente, editadas, manipuladas, usadas, consumidas, carregadas de valores simbólicos, ideológicos, mercadológicos, haveria ainda lugar para a atividade do desenho e do seu lugar no ensino de Geografia? (MIRANDA, 2009, p. 142).*

Invariavelmente a confecção de desenhos busca fins cartográficos no ensino desta disciplina. Não há dúvida quanto à importância disso, pois diversos trabalhos publicados contribuem para que a iniciação dos alunos na cartografia seja repleta de sentido; no entanto, nessa atividade, não se trata de se fazer ilustrações com esse fim. A proposta que se quer apresentar aqui é a de permitir que os alunos possam, se apropriando dos conceitos fundamentais da geografia, representar uma paisagem, de preferência a do entorno da escola.

Módulo 1: Trata-se da confecção de um desenho, no qual o aluno retrate a paisagem a partir de um determinado local. Peça que reflitam sobre o que estão observando e diga-lhes que poderão escolher o(s) objeto(s) da paisagem que quiserem representar. Explique que o desenho é um recurso importante, que contribui para resgatar um pouco da relação direta que podemos ter com o meio.

Essa atividade exigirá a saída da sala de aula para um espaço onde possa ser desenvolvida. Os alunos dotados de material básico para fazer uma ilustração da paisagem poderão sair, a critério do professor, em uma ou mais aulas para desenhar aquilo que estarão vendo. Não se trata de mapa mental e os alunos devem se sentir livres para desenhar o que consideram mais importante e significativo para eles, entre os componentes da paisagem.

No caso de impossibilidade de realização da atividade durante o horário de aulas na escola, por falta de local apropriado etc., proponha a realização da atividade em outro momento e local, mas deixe claro que o resultado deve retratar o espaço observado.

Módulo 2: Como veem o entorno? O que escolheram para representar? Por quê? Discuta os desenhos com os alunos. A turma poderá discutir as principais diferenças entre os trabalhos, como por exemplo, se há mais ilustrações de componentes sociais ou naturais e o que isso pode significar. Organize uma atividade complementar com uma visita a um parque da cidade, a fim de que possam comparar as paisagens.

d. Avaliação: Prepare os alunos para que realizem uma troca dos trabalhos a fim de que possam analisar os trabalhos realizados pelos colegas. Cada aluno deverá, após breve análise do trabalho de outro colega, dizer sua interpretação. Questione: O que você acha que o colega quis mostrar? O que você pensa sobre a maneira como ele interpreta o ambiente? Gerou algum significado a você? O autor do trabalho concorda com a análise apresentada pelo colega?

A conclusão pode ser a de que possuímos olhares diferentes sobre um mesmo fenômeno físico ou social ou ainda sobre uma representação artística; que os pontos de vista são distintos e que isso é enriquecedor para a apreensão do espaço geográfico.

Essa atividade, assim como as demais, pode ser desenvolvida por turmas de qualquer ano do Ensino Fundamental do Ciclo II, mas foi pensada para que seja realizada preferencialmente com alunos dos dois primeiros anos deste ciclo (as antigas 5ª e 6ª séries).

a. Atividade 3: A percepção do espaço feita por meio de recursos alternativos.

b. Objetivos: Pensar e discutir o espaço por meio de outros recursos, como vídeos, textos literários, poemas etc. Compreender a importância dos fenômenos geográficos para a vida cotidiana e possibilitar a construção de uma noção básica dos conceitos elementares da geografia por meio da observação e análise crítica do espaço.

c. Desenvolvimento:

Módulo 1: Organize a turma em grupos e proponha a elaboração de um trabalho que represente o espaço geográfico. Caberá aos grupos escolher, com o auxílio do professor, qual ou quais objetos da paisagem preferem representar utilizando um recurso que, entre outros, poderá ser pintura, colagem, exposição de fotos, poema, filme etc., mas que seja uma produção inédita e totalmente criada por eles.

A produção deverá ser apresentada pelos grupos. Provavelmente cada grupo precisará de, pelo menos, uma aula para realizar sua apresentação. Estimule-os a realizar questionamentos uns aos outros.

Módulo 2: Ao final de todas as apresentações, comente os trabalhos e proponha um amplo debate. Perguntas como as seguintes podem contribuir para o desenvolvimento de um debate: como percebem o espaço geográfico e qual a importância que ele possui? O que significou o seu estudo para o grupo?

d. Avaliação: Analise e avalie o envolvimento dos alunos ao longo do processo. Questione sobre como está o desenvolvimento da atividade, quais dificuldades e facilidades estão encontrando. Converse com eles, oferecendo dicas de como podem obter melhores resultados, e tente perceber se realmente há envolvimento de todos com o projeto; constatando eventuais problemas de falta de participação ou de conflitos, por exemplo, ajude-os na retomada do caminho. Acompanhe-os de perto para que se alcancem resultados esperados.

1.4. PARA FINALIZAR

Ao trabalhar os temas com os alunos, lembre-se de que o olhar sobre o lugar, a paisagem, a região, o território ou o espaço e as diferenças existentes entre eles é resultante da concepção de realidade que cada um possui, por meio de sua singularidade, variando, portanto, significativamente de pessoa para pessoa, ainda que pertençam a uma mesma classe social e habitem um mesmo bairro.

A compreensão de significados que envolvem a vida social, resguardados os níveis de entendimento dos alunos, é fundamental para que essas atividades sejam realizadas. Cabe ao professor sistematizar e organizar, da melhor forma possível, o contato dos alunos com novas possibilidades de aprendizagem e de apreensão da realidade, por meio da análise do espaço, para que – assim esperamos – possam alcançar os propósitos da geografia escolar.

1.5. SUGESTÕES DE LEITURA

ANDRADE, Manuel C. de. **Caminhos e descaminhos da geografia**. 5. ed. Campinas: Papirus, 2002.

BRASIL. SECRETARIA DE EDUCAÇÃO FUNDAMENTAL. **Parâmetros Curriculares Nacionais:** geografia. Brasília: MEC/SEF, 1998.

CARLOS, Ana Fani A. (Org.). **Novos caminhos da geografia**. São Paulo: Contexto, 2002.

_____. **A geografia na sala de aula**. 5. ed. São Paulo: Contexto, 2003.

CASTRO, Iná E. de.; GOMES, Paulo Cesar da.; CORRÊA, Roberto L. (Orgs.). **Geografia**: conceitos e temas. 5. ed. Rio de Janeiro: Bertrand Brasil, 2003.

CASTROGIOVANNI, Antonio C. (Org.). **Ensino de geografia:** práticas e textualizações no cotidiano. 7. ed. Mediação: Porto Alegre, 2009.

CAVALCANTI, Lana de S. **Geografia, escola e construção de conhecimentos**. 5. ed. Campinas, Papirus, 2003.

GOMES, Horiste. **A produção do espaço geográfico no capitalismo**. 2. ed. São Paulo: Contexto, 1991.

MORAES, Antonio Carlos R. **Geografia**: pequena história crítica. 2. ed. São Paulo: Hucitec, 1983.

MOREIRA, Ruy. **O que é geografia**. 2. ed. rev. ampl. São Paulo: Brasiliense, 2010.

OLIVEIRA, Ariovaldo U. de. (Org.). **Para onde vai o ensino de geografia?** 4. ed. São Paulo: Contexto, 1994.

PONTUSCHKA, Nídia N.; OLIVEIRA, Ariovaldo U. de. (Orgs.). **Geografia em perspectiva**. São Paulo: Contexto, 2002.

PONTUSCHKA, Nídia N.; PAGANELLI, Iyda T.; CACETE, Núria H. **Para ensinar e aprender geografia**. São Paulo: Cortez, 2007.

VESENTINI, José William. (Org.). **Geografia e ensino:** textos críticos. Campinas: Papirus, 1989.

_____. **O ensino de geografia no século XXI**. 2. ed. Campinas: Papirus, 2005.

1.6. BIBLIOGRAFIA

BRASIL. SECRETARIA DE EDUCAÇÃO FUNDAMENTAL. **Parâmetros Curriculares Nacionais:** geografia. Brasília: MEC/SEF, 1998.

CASTROGIOVANNI, Antonio C. (Org.). **Ensino de geografia:** práticas e textualizações no cotidiano. 7. ed. Mediação: Porto Alegre, 2009.

CAVALCANTI, Lana de S. **Geografia, escola e construção de conhecimentos**. 5. ed. Campinas: Papirus, 2003.

CORRÊA, Roberto L. Espaço, um conceito-chave da geografia. In: CASTRO, Iná E. de.; GOMES, Paulo Cesar da.; CORRÊA, Roberto L.(Orgs.). **Geografia**: conceitos e temas. 5. ed. Rio de Janeiro: Bertrand Brasil, 2003.

GOMES, Paulo Cesar da C. O conceito de região e sua discussão. In: CASTRO, Iná E. de.; GOMES, Paulo Cesar da.; CORRÊA, Roberto L. (Orgs.). **Geografia:** conceitos e temas. 5. ed. Rio de Janeiro: Bertrand Brasil, 2003.

KRETSCHMER, Konrad. **Historia de la geografia**. 3. ed. Barcelona: Editorial Labor, 1942.

LACOSTE, Yves. **A geografia** — isso serve, em primeiro lugar, para fazer a guerra. 7. ed. Campinas: Papirus, 2003.

LENCIONI, Sandra. **Região e geografia**. São Paulo: Edusp, 2003.

MENDONÇA, Francisco. **Geografia física:** ciência humana? 7. ed. São Paulo: Contexto, 2001.

MIRANDA, Sérgio L. O desenho como mapa e educação conservadora no ensino de geografia. **Terra Livre**, São Paulo, ano 25, v. 2, n. 33, p. 139-154, jul.-dez. 2009.

MORAES, Antonio Carlos R. **Geografia**: pequena história crítica. 2. ed. São Paulo: Hucitec, 1983.

MOREIRA, Ruy. **O que é geografia**. 2. ed. rev. ampl. São Paulo: Brasiliense, 2010.

SANTOS, Milton. **O espaço dividido:** os dois circuitos da economia urbana dos países subdesenvolvidos. 2 ed. São Paulo: Edusp, 2008.

_____. **Por uma geografia nova:** da crítica da geografia a uma geografia crítica. São Paulo: Edusp, 2002a.

_____. **A natureza do espaço:** técnica e tempo. Razão e emoção. São Paulo: Edusp, 2002b.

SAQUET, Marcos A. **Abordagens e concepções de território**. 2. ed. São Paulo: Expressão Popular, 2010.

TUAN, Yi-fu. Geografia humanística. In: CHRISTOFOLETTI, Antonio. (Org.). **Perspectivas da geografia**. São Paulo: Difel, 1982.

_____. **Topofilia**: um estudo da percepção, atitudes e valores do meio ambiente. São Paulo: Difel, 1980.

2

A sociedade de consumo

Vivemos um período em que a sociedade se organiza em função do consumo? Nas palavras de Milton Santos "o consumo é o grande fundamentalismo contemporâneo". Para que possamos nos manter e nos reproduzir individual e socialmente precisamos consumir, já que o consumo tem o propósito de satisfazer alguma necessidade que tenhamos. No entanto, como essa prática faz parte da vida contemporânea? É a respeito desse tema, o consumo, seu significado e seus efeitos, que tratará esse capítulo.

O tema sociedade de consumo é interdisciplinar, estando presente como um dos temas transversais dos Parâmetros Curriculares Nacionais (1998). Por se tratar de um tema transversal, torna-se responsabilidade de todas as disciplinas abordá-lo. Em geografia, esse tema é muito importante porque, além de discutir com os alunos aspectos fundamentais do funcionamento da sociedade, está relacionado também às questões ambientais. A sociedade de consumo, tal qual a conhecemos e da qual fazemos parte, não estabelece um claro debate que leve as pessoas a perceberem e a questionarem os riscos que o consumo exagerado oferece. Nesse modelo de sociedade, não é comum associar consumo com problemas de comportamento, como o individualismo, ou com meio ambiente, que é um tema decisivo para o futuro da humanidade.

> **ATENÇÃO**
>
> *Essa frase dita por Milton Santos foi registrada no filme "Encontro com Milton Santos ou O Mundo Visto do Lado de Cá". Documentário produzido em 2006, cuja temática central é a globalização. Dirigido por Sílvio Tendler, tem duração de 89 min.*

> **ATENÇÃO**
>
> *A nosso ver, esse aspecto é revelador de como pode ser rico o trabalho pedagógico escolar. A possibilidade de se trabalhar temas interdisciplinares favorece a compreensão dos fenômenos pelos alunos ao promover a construção coletiva do conhecimento, integrando conceitos de diferentes disciplinas e tornando o aprendizado mais prazeroso.*

Nas aulas, um dos objetivos que se pode alcançar ao se trabalhar com o tema é o de abrir a possibilidade de construção de uma autoimagem distinta daquela que o mercado quer que se tenha, incentivando os alunos a pensar, a descobrir e a criar novas perspectivas perante a realidade.

Desse modo, entendemos que trabalhar a sociedade de consumo na escola, e especialmente nas aulas de geografia, é importante para que os alunos possam compreender o sentido que possuem certas práticas enraizadas na sociedade, como podem ser questionadas e revistas.

A produção generalizada de produtos que, ao terem um valor agregado, passam a ser uma mercadoria, está cada vez mais determinada pelo emprego de inovações técnicas com o objetivo de ampliar e reproduzir as relações de mercado. No capitalismo, isso pode significar uma permanente manipulação do consumidor que é induzido ao consumo por influência das estratégias de publicidade. O consumidor, desse modo, passa a adquirir certas coisas que, muitas vezes, não são necessárias, mas que o satisfazem pelo fato de ele estar obtendo algo que, supostamente, lhe dará à algum *status* ou prazer por se tratar de produtos que estejam na moda ou, como o mercado e as propagandas dizem, sigam uma "tendência".

Um exemplo que corrobora o que estamos afirmando diz respeito à obtenção e ao uso dos telefones celulares no Brasil. Tornou-se imperioso, para muitas pessoas, adquirir o último modelo de aparelho de telefone celular, ainda que o modelo antigo esteja em plenas condições de funcionamento. Também não é raro encontrar pessoas que possuam mais de um aparelho ou aparelhos que levem dois ou mais *chips*, permitindo ao usuário a obtenção de dois ou mais números.

Esse comportamento é um exemplo atual de como as estratégias de propaganda são eficientes no estímulo ao consumo, pois se trata de uma relação que oculta seu verdadeiro sentido e que leva os consumidores a obter produtos e serviços cuja real utilidade pode ser questionada, uma vez que, no caso do celular, não é possível atender a dois ou mais telefonemas ao mesmo tempo. Como discutir tal questão com os alunos do Ensino Fundamental e levá-los a uma reflexão sobre o assunto em um momento em que o consumo de produtos tecnológicos está em alta e a cada dia mais presente na vida das pessoas?

É fundamental que, do ponto de vista pedagógico, o professor conduza situações de aprendizagem em que os alunos possam

---

ATENÇÃO

De acordo com o pensamento marxista, a mercadoria é a forma que os produtos adquirem quando são realizados com a finalidade da troca. Como são trocadas umas pelas outras, considera-se que cada mercadoria possua um valor. Entre as finalidades da mercadoria está a de satisfazer alguma necessidade humana. (Cf. BOTTOMORE, 2001).

ATENÇÃO

De acordo com a Agência Nacional de Telecomunicações (Anatel), no Brasil há mais aparelhos de telefonia móvel em circulação que habitantes. Desses aparelhos, 81,8% operam pelo sistema pré-pago, cujo custo da chamada, em geral, é maior. Dados disponíveis em: AGÊNCIA Nacional de Telecomunicações. <http://www.anatel.gov.br/Portal/exibirPortalInternet.do#>. Acesso em: 30 jan. 2012.

analisar as ideias presentes nas aulas, a fim de compreender o seu sentido. Exemplos de situações cotidianas, que contribuam para que se façam comparações que levem a reflexões mais abrangentes, podem ser bastante interessantes no trabalho com esse tema.

A todo momento e nos mais variados locais é possível deparar com algo que está à venda. Na televisão, uma parte significativa da programação é voltada para anúncios; o tempo médio de um programa de 1h de duração, dependendo do horário e canal, além do público a que se destina, pode ter até 20 minutos de intervalos comerciais; no rádio, na Internet e em outros veículos de comunicação, as propagandas também são intensas. O mesmo ocorre nas ruas, por meio de *outdoors* e outras formas de veiculação propagandística. De uns tempos para cá os anúncios têm ganhado muito mais intensidade em um filão que também é estimulado pela mídia, só cresce em influência no comportamento das pessoas e, em especial, entre os adolescentes: o futebol. Entre os alunos, principalmente entre os meninos, o assunto futebol é onipresente.

Nas camisetas dos clubes, as propagandas estão sempre estampadas, tentando ocupar todos os espaços com boa visibilidade, fazendo com que o torcedor, ao usar a camisa de seu time, sem perceber, faça propaganda de diversos produtos e serviços, cuja finalidade talvez até ignore.

Enfim, basta observar atentamente o ambiente, que lá estará o "patrocinador".

No caso da televisão, que possui programação e horários específicos voltados às crianças, os anúncios também aparecem de maneira avassaladora, buscando no público infantil o molde ideal de futuros consumistas. Esse fenômeno tem feito grupos da sociedade civil se organizarem a fim de propor uma revisão desses comerciais e tentar combater o abuso da veiculação da propaganda de mercadorias que se destinam às crianças, buscando, assim, evitar a futura dependência de um consumo exagerado. Acreditamos serem de grande importância as discussões a respeito da sociedade de consumo e seus efeitos, nas aulas de geografia e na escola, nas diferentes disciplinas, especialmente para nossos alunos, que nascem, crescem e são imergidos nesse contexto, na maioria das vezes, sem a devida criticidade. Na sala de aula, quando questionados, muitos alunos consideram que a dependência em relação ao consumo é um processo natural, que assim as relações devem ocorrer e que, supostamente, sempre foi assim. Longe de

> **ATENÇÃO**
>
> *Para saber mais a respeito dessa questão podem-se consultar as seguintes páginas na internet: PUBLICIDADE Infantil Não. Disponível em: <http://www.publicidadeinfantilnao.org.br/>; CIRANDA Brasil. Disponível em: <http://www.ciranda.net/brasil/article/uma-campanha-contra-a-publicidade>. Acessos em: 15 jul. 2011.*

condenar as opiniões, o debate em torno do tema deve buscar caminhos para aprofundar o assunto de maneira clara, dialogando com a realidade.

2.1. CONSUMO *VERSUS* CONSUMISMO

O que significa consumir? Por que consumimos? Existe consumo responsável? Essas são questões que podem ser usadas para iniciar-se uma conversa sobre esse assunto em sala de aula? Dizer aos alunos que precisamos consumir para sobreviver, por exemplo, embora óbvio, pode ser um bom ponto de partida, já que se está falando de uma necessidade.

Uma questão leva a outra. Se apontarmos, por exemplo, a necessidade de consumo acompanhada da responsabilidade pelo consumo, o tema ganhará novos e importantes contornos para se refletir, já que consumir traz muitas consequências. Então, quais seriam os seus efeitos?

Abordar o tema sociedade de consumo em sala de aula pode ser bem interessante, mas requer cuidados também. Na economia de mercado, como se sabe, as pessoas estão sujeitas às propagandas que têm como principal objetivo convencê-las a comprar. Todos estão constantemente submetidos a um forte estímulo ao consumo. Por essa razão, para muitas pessoas, a vida ganha mais sentido quando vão às compras, afinal a maioria dos anúncios diz isso, quando afirma que elas serão mais felizes, bonitas e bem aceitas se adquirirem seus produtos.

Não é incomum isso ocorrer em certos anúncios publicitários. Nas pessoas, a propaganda estimula o desejo de consumir. Elas são levadas pela beleza das cores, das imagens de pessoas alegres e pelas mensagens positivas que, normalmente, transmitem, inclusive de que o mundo poderá ser melhor, associando essa ideia ao consumo do que está sendo vendido.

Mas o que se pode entender por consumismo?

É provável que alguns alunos saibam explicar o que significa viver em uma sociedade de consumo. Entretanto, a maioria provavelmente não saberá definir com muita propriedade o seu significado além de relacioná-lo às compras. Por essa razão, uma discussão a respeito desse tema poderá ser bastante produtiva e levar a turma a refletir sobre suas consequências.

Para se discutir sobre o consumismo e o comportamento geral das pessoas, as propagandas da TV e dos demais meios de comu-

---

ATENÇÃO

Na produção generalizada de mercadorias, como ocorre no capitalismo, o consumo se resume ao "consumo de mercadorias" que é estimulado pelo enorme aparato publicitário, responsável por ingerir no comportamento geral o desejo pela obtenção de bens, sem nenhum controle. (Cf. BOTTOMORE, 2001).

nicação podem ser uma boa opção. Isso fica ainda mais produtivo em períodos do ano como Natal, Páscoa e Dia das Mães, apenas para citar alguns. Seria muito interessante levar o aluno a pensar que comprar tudo o que se vê nas vitrines e prateleiras é um comportamento que pode ser nocivo ao meio ambiente. No entanto, não se deve confundir consumismo com o consumo do que é necessário. É fundamental diferenciá-los bem, demonstrando que, no caso do comportamento consumista, muitas pessoas acabam se tornando reféns de propagandas e "se acostumam" a comprar mais do que necessitam, sem pensar nas consequências de seus atos, como o excesso de lixo gerado no ambiente ou, até mesmo, a contração de dívidas.

O texto a seguir pode contribuir significativamente para a discussão em sala de aula com os alunos. Objetiva-se levá-los a uma compreensão mais apurada a respeito do significado e da importância do consumo.

Consumo, logo existo

Todo mundo precisa consumir para viver. Comer, vestir-se, morar, passear, viajar faz parte do ritual de compra, venda e troca que persegue o homem há séculos. Mas para grande parte da humanidade o ato de comprar atingiu um sentido quase transcendente. Ter virou sinônimo de ser. A capacidade de adquirir e possuir coisas passou a ser o termômetro que mede valores como competência, felicidade e sucesso. Quem pode consumir está no topo. Quem não pode é ignorado pelo outro lado.

A saída para essa questão poderia ser simples, embora de difícil execução. Bastaria estender a capacidade de comprar a todos os seres humanos. Assim o sucesso chegaria a todos, sem exceção.

Uma bandeira que soa legítima, sem dúvida. Mas esse deve ser o objetivo dos que buscam um mundo diferente? Ou é preciso construir outros parâmetros? "Esse é o centro de toda discussão sobre globalização e sociedade contemporânea. Tem a ver com a hegemonia planetária, com a conduta ética dos indivíduos, com a forma de ver o mundo", julga Renato Ortiz, professor da Unicamp [...].

Para Ortiz, a situação ultrapassa o simples ato de comprar um objeto, seja ele supérfluo ou não. É o consumo que diferencia e valoriza os indivíduos na sociedade globalizada e massificada. É o consumo que cria a ilusão da liberdade de escolha, de exercício da cidadania, avalia.

Em praticamente todos os países do mundo – e o Brasil é um bom exemplo – os direitos do consumidor ficaram acima dos direitos dos trabalhadores, das mulheres, das crianças, dos negros, dos indígenas. Hoje é mais legítimo brigar por causa de um produto estragado que pelos direitos trabalhistas.

Tudo isso faz parte de uma grande engrenagem de poder. Empresas, indústrias e marcas multinacionais detêm força econômica e política maiores que a de muitos países. Fazer das compras o objetivo existencial das pessoas leva os hábitos de consumo muito além da esfera econômica. "A autoridade das empresas e marcas compete com outros valores tradicionais da sociedade, como o Estado, a nação e a própria religião." [...]

Não se trata, no momento, de parar de comprar. Comércio e indústria são fruto do desenvolvimento econômico da humanidade e ninguém quer voltar à Idade da Pedra. Mas é preciso que os setores mais progressistas e modernos da sociedade reflitam, não só sobre o tema em esfera global, mas a respeito de seus próprios hábitos de consumo.

Hoje, mais do que nunca, é hora de questionar o que há por trás de cada compra, de cada ida ao supermercado ou ao shopping. Mesmo porque não faltam pessoas que questionem o poder das marcas e da publicidade no cotidiano, mas não abrem mão de um carro zero todo ano, de roupas de marca, dos softwares, CDs e DVDs "legalizados" pelas empresas, da ostentação de grifes e do consumo de produtos da indústria cultural.

É claro que não é fácil se livrar desse círculo vicioso. O atestado de qualidade e confiabilidade das marcas está em qualquer parte do mundo. Não é preciso morar nos Estados Unidos ou na Europa para usar um tênis Nike ou um jeans Levi's, assistir à MTV ou dirigir um carro Ford, usar um programa Microsoft ou ligar um aparelho Sony, abastecer nos postos Shell ou se alimentar com grãos geneticamente modificados da Monsanto, ingerir um medicamento da Pfizer ou se deliciar com chocolates Nestlé, matar a sede com Coca-Cola ou assistir à última novidade de Hollywood.

[...]

"Em nome da produtividade, nosso modo de ser foi mudado e o meio ambiente e paisagens naturais estão sendo ameaçados [...]".

Fonte: BENTO, Luciana. **Revista Fórum**: outro mundo em debate, São Paulo, n. 3, p. 18-19, fev. 2002.

2.2. UM DOS EFEITOS DA SOCIEDADE DE CONSUMO: O LIXO

São vários os efeitos do consumismo, mas para quem vive nas grandes aglomerações urbanas, como São Paulo, Rio de Janeiro, Salvador, entre outras, o lixo é um dos principais problemas.

Apenas em São Paulo, são produzidas diariamente mais de 15 mil toneladas de lixo. Para os alunos essa informação pode ser bastante surpreendente, afinal, ainda não é comum, para a maioria das pessoas, a preocupação com as consequências da produção de lixo diário de cada residência (e a primeira década do século XXI já se foi).

Também é de suma importância discutir em sala de aula a composição do lixo, sua origem, seu destino e quais são as nossas responsabilidades com ele.

Mas antes é importante definir, afinal, o que é lixo.

Segundo Dashefsky (1995, p. 175),

Lixo é qualquer substância que não é mais necessária e que tem de ser descartada. Pode ser qualquer coisa, desde restos de comida até uma geladeira velha ou um automóvel. Em muitos aspectos o lixo é semelhante a uma praga ou a uma erva daninha, já que todos os três podem ser considerados úteis se encontrados em outro lugar e em outra hora. O lixo de uma pessoa pode ser o alimento de outra pessoa, assim como o que é erva daninha para um pode ser flor para outro. Uma vez que a maior parte do lixo vai hoje para um local de coleta municipal, ele é comumente chamado de resíduo sólido municipal.

ATENÇÃO

De acordo com dados da SECRETARIA Municipal do Planejamento, Orçamento e Gestão.

Disponíveis em: <http://sempla.prefeitura. sp.gov.br/infogeral.php>.

Acesso em: 30 jan. 2012.

No Brasil, estima-se que cada pessoa produza, em média, cerca de 500 g de lixo por dia, composto principalmente por material orgânico. Especialistas dizem que aproximadamente a quinta parte dos alimentos comercializados *in natura* se perde desde a produção até a chegada à casa dos consumidores. No Brasil ainda desperdiça-se muito alimento.

Com o aumento da renda ocorrido nos últimos anos, entretanto, a presença do descarte de embalagens de produtos industrializados tem aumentado bastante no País. A composição do montante de resíduos sólidos de uma cidade, por exemplo, não provém apenas das residências, pois há grande quantidade de lixo produzido pelo comércio, pelos hospitais e pelas indústrias. Todos têm características diferentes, sendo que alguns requerem coleta especial por conterem substâncias tóxicas e muito perigosas à saúde, como o lixo hospitalar e o de determinadas indústrias.

Para os alunos compreenderem a problemática do lixo, precisam entender como ele é produzido, conhecer a destinação e avaliar se, na cidade em que vivem, a coleta é ou não adequada. Desse modo, poderão intervir de maneira mais crítica e ter atitudes mais responsáveis a fim de atuarem na proteção do meio ambiente.

2.3. SOMOS O QUE COMEMOS: FOME E EXCESSO DE COMIDA

Por último, em nossa discussão a respeito do consumo não poderia faltar a questão alimentícia. O comportamento consumista aliado à falta de consciência crítica tem criado um mundo estranho a todos. Situações que revelam o quanto a humanidade tem problemas de diversas ordens, mas que poderiam ser evitados. Em relação a isso, pode-se avaliar a situação alimentar em distintas partes do globo.

Quando, em geografia, se estudam regiões consideradas as menos desenvolvidas do planeta, como certas partes da África, da América Latina ou da Ásia, são reveladas as condições de pobreza de populações inteiras e o quadro de subnutrição de muitas delas, especialmente das crianças. Fotos e imagens em vídeos de crianças e adultos "em pele e osso" rodam o mundo. Essas imagens tristes são oficialmente depositadas nas contas da desertificação, da seca e de guerras civis.

Dentro do espaço escolar, podemos introduzir tais questões, objetivando discutir com os alunos as causas dessas situações. Como propor uma sociedade em que haja equidade, equilibrando

---

ATENÇÃO

Refere-se ao montante de lixo produzido cotidianamente. Composto por diversos itens, pode variar de região para região de acordo com o poder aquisitivo das pessoas.

ATENÇÃO

Não se trata de criar ou referendar estereótipos, mas de apontar para existência do problema. O cuidado que se deve ter ao abordar essa situação com os alunos está em dizer-lhes que, mesmo em regiões em que há muita pobreza, existem também pessoas que lutam contra ela e que buscam construir uma vida "normal" em seu cotidiano, com a realização de atividades como estudar, passear, ir ao cinema etc.

a oferta e o consumo? Uma criança que morre de fome em algum lugar distante de nossa cidade ou de nosso país é problema nosso?

Trata-se de uma temática bastante complexa e que, certamente, poderá gerar muitos debates em sala de aula, enriquecendo a aula ministrada.

Essa discussão remete à soberania alimentar, que está relacionada à distribuição da terra a fim de garantir que famílias possam plantar para seu consumo, sem a dependência de alimentos oriundos de outros lugares ou do exterior. A prática da agricultura familiar em que os trabalhadores da terra têm a opção de escolher o que cultivar, consumir e comercializar, respeitando o meio ambiente e a cultura de cada local, poderia evitar, por exemplo, graves crises alimentares como as que têm ocorrido em várias partes do mundo.

Governos e parte da imprensa têm divulgado informações que apontam a seca e os conflitos armados como responsáveis pela existência da fome generalizada em determinadas regiões e países. É verdade que tais problemas contribuem muito significativamente para a existência de fome, pobreza e caos, no entanto, isso acaba se constituindo como argumento para exportar para essas regiões, por exemplo, produtos alimentícios para matar a fome de quem sofre com a seca. Sabe-se, porém, que tais produtos são sobras em seus países de origem.

> **ATENÇÃO**
>
> Essa prática é chamada de dumping pelos economistas. A fim de dar vazão ao excesso de oferta de um determinado produto, ele é vendido ao mercado externo o por um preço inferior ao praticado no mercado interno.

Na verdade, o objetivo é vendê-las a preços baixos para evitar mais prejuízos. O problema é que, como afirmado aqui, cada povo tem a sua tradição, inclusive alimentar, e a imposição de outros alimentos, ao contrário do que se apregoa, pode e tem representado problemas, pois, além de mudar hábitos, exclui os produtores locais, pois estes não podem competir com as grandes indústrias alimentícias internacionais. O produto que vem de fora, por ser excedente e em grande quantidade, se torna mais barato. Com os preços muito abaixo do que são praticados normalmente, os importados causam enormes prejuízos aos produtores locais, que ficam sem dinheiro para plantar a safra seguinte (Cf. MORISSAWA, 2001). Não é novidade que grandes transnacionais do ramo alimentício têm pouco ou nenhum compromisso em matar a fome de quem quer que seja, mas, antes, de obterem lucros exorbitantes com o alimento produzido e transformado por eles em mercadoria lucrativa.

Na aula, com o mapa-múndi político, é possível agrupar geograficamente as regiões e os países em que os problemas alimentares são mais graves, distingui-los das regiões em que o problema não é tão evidente e identificá-los aos alunos. Com isso, cabe discutir a divisão internacional do trabalho e os motivos que historicamente a caracterizam. Com esse pequeno exercício, os alunos saberão onde e, com a orientação do professor, por que a humanidade ainda é tão desigual.

Não é fácil, entretanto, analisar a distribuição mundial de alimentos e tentar entender por que existe fome no mundo, ao mesmo tempo que muitas pessoas morrem pelo excesso de comida ingerida. É sabido que não é só a fome que mata, muitas pessoas também morrem de doenças decorrentes da obesidade. Esse assunto tem sido objeto de inúmeras reportagens, e preocupação de médicos e autoridades da saúde. A grande oferta de comida, aliada aos maus hábitos alimentares (come-se de tudo e a qualquer hora), tem provocado o aumento desse problema.

Nessa realidade, criada pela sociedade de mercado, existem até alimentos que entram na moda. Certas redes de *fast food*, por exemplo, faturam bilhões em virtude do intenso jogo publicitário que fazem. O resultado? O aumento da obesidade como se tem constatado no Brasil e em vários outros países. É importante deixar claro, no entanto, que não apenas essas redes de restaurantes são responsáveis por esse fenômeno, já que a principal causa reside nos maus hábitos alimentares das pessoas.

Os Parâmetros Curriculares Nacionais (1998, p. 277) apresentam a necessidade de discussão desse assunto com os alunos por considerar que

> *Hábitos alimentares precisam ser criticamente debatidos em grupos como forma de avaliar a geração artificial de "necessidades" pela mídia e os efeitos da publicidade no incentivo ao consumo de produtos energéticos, vitaminas e alimentos industrializados. Em especial, é preciso reconhecer a possibilidade de ocorrência simultânea de obesidade – problema de dimensões orgânicas e afetivas – e carências nutricionais, decorrentes principalmente do consumo habitual de alimentos altamente calóricos oferecidos pelo mercado, desprovidos de nutrientes adequados ao consumo humano. Sua contrapartida é o uso de medicamentos emagrecedores.*

Como se vê, em relação ao consumo de alimentos a dissonância é muito maior do que parece em um primeiro momento.

De acordo com a Organização Mundial da Saúde, há bilhões de pessoas no mundo que consomem menos alimentos diários do que deveriam ingerir para ter o que se considera uma alimentação mínima necessária. Se há alimentos sobrando em algumas partes do planeta, por que há alimentos faltando em outras? Certamente, nossos alunos vão querer saber a resposta.

2.4. TRABALHANDO O TEMA COM OS ALUNOS

a. Atividade 1: A propaganda e o estímulo ao consumo.

b. Objetivos: Analisar e discutir as propagandas veiculadas na televisão; refletir a respeito das propagandas e discutir criticamente como elas influenciam o nosso comportamento em relação ao consumo.

c. *Desenvolvimento*:

Módulo 1: Peça aos alunos que, durante um programa de TV de sua preferência, observem e anotem as propagandas apresentadas nos intervalos, registrando os seguintes tópicos:

1- se os produtos anunciados são de primeira necessidade às pessoas;

2- se são produtos acessíveis, se acreditam que a maioria das pessoas possa comprá-los;

3- se são destinados a determinada faixa etária ou determinado gênero.

Solicite também que analisem a propaganda esteticamente e tentem responder a questões a respeito de como é o comercial – por exemplo, se é alegre e colorido, se possui música, se apresenta paisagens bonitas, qual a ideia que transmite etc. – e que escolham uma propaganda, de preferência, que esteja anunciando um produto de seu interesse e escrevam no caderno o que sentiram ao ver o anúncio; por exemplo, alegria, desejo de comprar, sentimento de ter o produto possibilitaria ser como as pessoas que o anunciam, sensação de poder ou outros sentimentos.

Módulo 2: Com os alunos reunidos peça que leiam sobre o que fizeram, indicando as características dos comerciais a que assistiram e, posteriormente, descrevendo o que escolheram e o que sentiram ao analisarem as peças publicitárias. Estabeleça uma ampla discussão a respeito do tema as peças publicitárias. Considere os resultados e comente. Discuta a necessidade de se pensar a respeito do significado da sociedade de consumo.

Módulo 3: Com base nas discussões desenvolvidas até aqui, proponha que, em grupos, os alunos produzam uma peça publicitária em que vendam um produto de forma ética. Sugira também que os grupos levem em consideração temas como meio ambiente, alimentação saudável, consumo consciente, respeito às diferenças etc.

d. Avaliação: Ao final, depois de debater o tema, proponha uma síntese do trabalho, um texto escrito em que digam o que aprenderam sobre o tema discutido. Oriente-os para redigir o que significou a realização da atividade e, considerando que vivemos em uma sociedade de consumo, exponham como veem a influência das estratégias de *marketing* na vida cotidiana das pessoas.

a. Atividade 2: A responsabilidade pelo lixo doméstico.

b. Objetivos: Observar e registrar o lixo produzido em casa; refletir a respeito dos resíduos que produzimos: origem, destino e consequências para o meio ambiente.

c. Desenvolvimento:

Módulo 1: Peça aos alunos que observem todos os dias, durante uma semana, o lixo produzido em suas residências, e façam registros diários, abordando sua composição. Eles devem anotar, calculando uma porcentagem aproximada, a quantidade de matéria de origem orgânica – como restos de comida e outros – e de embalagens (materiais recicláveis), as mais variadas, como metais, vidros, papel, plásticos etc., os chamados resíduos sólidos.

Módulo 2: Com os registros feitos, analise os resultados com os alunos e compare a porcentagem aproximada de matéria orgânica e de resíduos sólidos. Discuta o tema e fundamente, para os alunos, o problema do lixo na atualidade; leve-os a perceber que as toneladas de lixo que são produzidas diariamente em grandes cidades constituem um problema sério, e avalie a destinação que é dada a esse lixo.

Módulo 3: Dê subsídios aos alunos para que, organizados em grupos, realizem entrevistas com membros da família, vizinhos ou pessoas da comunidade a respeito do que essas pessoas pensam sobre o problema do lixo. Juntamente com a turma de alunos, organize um roteiro de questões que se relacione com o resultado revelado pela primeira etapa da atividade. Entre as perguntas que podem fazer parte do roteiro sugerimos as seguintes: há uma separação desse lixo para coleta seletiva ou entrega em algum posto de coleta, ou catador? O que pensam sobre o destino do lixo produzido em casa? E a respeito da reciclagem?

Módulo 4: Com mais esse material em mãos, proponha uma nova análise dos resultados e uma conversa, entre todos, a respeito de como se sentiram realizando essa tarefa, abordando, entre outros aspectos, como viam a questão do lixo antes da realização da tarefa, e qual é, agora, a opinião deles a respeito do assunto.

Módulo 5: Organize uma atividade complementar com uma visita a um aterro sanitário da cidade ou para o local onde o lixo municipal é depositado. Essa atividade poderá contribuir para que se preocupem mais com os efeitos da grande produção de lixo.

Avaliação: Ao final, com o objetivo de aprofundar o assunto, ao mesmo tempo que ainda o discuta em sala de aula, proponha uma pesquisa, em *sites* da Internet e em livros ou revistas que tratem do tema, de assuntos relativos às consequências ambientais resultantes do descarte de lixo, como a produção do chorume; o odor liberado próximo aos locais onde é depositado; a saturação de aterros etc.

a. Atividade 3: Fome *versus* desperdício de alimentos.

b. Objetivos: Levar os alunos a refletir sobre a produção, venda e consumo de alimentos comercializados *in natura* e industrializados; analisar a questão da fome, do excesso de consumo e do desperdício de comida.

c. Desenvolvimento:

Módulo 1: Por meio de uma aula expositiva que trate do tema fome *versus* desperdício, aborde a existência da fome no Brasil e no mundo. Discuta com os alunos a respeito da sobra de alimentos que existe também em várias partes do globo e proponha que visitem uma feira livre.

Na feira, peça aos alunos que observem atentamente a variedade dos alimentos. Solicite que façam essa observação cuidadosamente, para que percebam a riqueza da produção de alimentos no Brasil. Diga-lhes que observem também, se possível, ao final da feira, a quantidade de produtos deixada para trás. Se não for possível retornar ao final, diga que observem atentamente atrás das barracas, onde as pessoas normalmente não passam. Um relatório deve ser feito para que, na aula seguinte, relatem o que viram.

Módulo 2: Promova um amplo debate sobre os relatórios apresentados. Teria ocorrido desperdício? Se sim, por que tantos alimentos foram descartados? Estariam deteriorados? Caso estivessem, qual seria o motivo de serem levados à feira para serem vendidos? Estas são questões que podem ajudar a orientar o debate.

Módulo 3: Em relação aos alimentos industrializados, peça aos alunos que leiam atentamente o que dizem os rótulos; se for possível, solicite que levem algumas embalagens à aula para analisarem juntos. Compare as informações descritas e providencie que uma variedade de produtos possa ser analisada conjuntamente. Juntamente com os alunos, questione: será que os rótulos dizem a verdade? Qual seria o efeito do conteúdo descrito no rótulo para o organismo de uma pessoa? Solicite que façam uma pesquisa a respeito das substâncias desconhecidas descritas nesses rótulos. Peça aos alunos que reflitam sobre as diferenças do alimento *in natura*, vendido nas feiras livres, cujas informações nutricionais também devem ser pesquisadas, e o alimento industrializado vendido em embalagens, nos supermercados.

A que conclusão se chegou?

d. Avaliação: Peça aos alunos que retomem as anotações realizadas nas etapas anteriores e, em grupos, produzam um texto ou um cartaz, sintetizando o conhecimento apreendido. Verifique se o trabalho abrange os aspectos mais importantes do estudo realizado. O produto final poderá ser exposto na escola para que todos possam conhecê-lo.

2.5. PARA FINALIZAR

A questão do consumo, do que é moda, do quem tem significado ou não para a vida das pessoas, embora seja apresentada aqui como assunto a ser trabalhado em geografia, como já afirmado, é um tema interdisciplinar, e devem ser considerados dois aspectos fundamentais em sua abordagem pedagógica: o primeiro, das necessidades de sobrevivência, em que a produção e o consumo são necessários; o segundo, o da face cruel da sociedade consumista que estimula o individualismo, com as desigualdades de possibilidade de aquisição de um determinado bem, desconsiderando a devastação dos recursos naturais.

Vivemos em um mundo cuja situação tem revelado as mazelas que afetam a humanidade. Debater a sociedade não é fácil, ainda mais no que diz respeito a crianças e adolescentes que normalmente são mais suscetíveis ao consumo e suas consequências. O desafio da escola continua sendo grande, mas necessário, para que nossos alunos possam ter a oportunidade de analisar e questionar a realidade.

2.6. SUGESTÕES DE LEITURA

ADAS, Melhem. **A fome**: crise ou escândalo? 19. ed. São Paulo: Moderna, 1993.

BRASIL, Anna Maria; SANTOS, Fátima. **Equilíbrio ambiental & resíduos na sociedade moderna**. 3. ed. São Paulo: Faarte, 2007.

BRASIL. SECRETARIA DE EDUCAÇÃO FUNDAMENTAL. **Parâmetros Curriculares Nacionais**: geografia. Brasília: MEC/SEF, 1998.

_____. **Parâmetros Curriculares Nacionais**: terceiro e quarto ciclos: apresentação dos temas transversais. Brasília: MEC/SEF, 1998.

CHAUÍ, Marilena. **O que é ideologia**. 15. ed. São Paulo: Brasiliense, 1980.

CODO, Wanderley. **O que é alienação**. 4. ed. São Paulo: Brasiliense. 1985.

GALEANO, Eduardo. O império do consumo. Revista **Carta Capital**. São Paulo, dez. 2010. Disponível em: <http://www.cartacapital.com.br/economia/o-imperio-do-consumo/>. Acesso em: 21 jul. 2011.

MORISSAWA, Mitsue. **A história da luta pela terra e o MST**. São Paulo: Expressão Popular, 2001.

SANTOS, Milton. **Por uma outra globalização**: do pensamento único à consciência universal. 10. ed. Rio de Janeiro: Record, 2003.

SINGER, Paul. **O capitalismo**: sua lógica, sua evolução e sua dinâmica. 11. ed. São Paulo: Moderna, 1987.

2.7. BIBLIOGRAFIA

AGÊNCIA Nacional de Telecomunicações. Disponível em: <http://www.anatel.gov.br/Portal/exibirPortalInternet.do#>. Acesso em: 30 jan. 2012.

BENTO, Luciana. Consumo, logo existo. **Revista Fórum**: outro mundo em debate, São Paulo, n. 3, p. 18-19, fev. 2002.

BOTTOMORE, Tom (Ed.). **Dicionário do pensamento marxista**. Rio de Janeiro: Zahar, 2001.

BRASIL. SECRETARIA DE EDUCAÇÃO FUNDAMENTAL. **Parâmetros Curriculares Nacionais**: geografia. Brasília: MEC/SEF, 1998.

_____. **Parâmetros Curriculares Nacionais**: terceiro e quarto ciclos: apresentação dos temas transversais. Brasília: MEC/SEF, 1998.

CIRANDA Brasil. Disponível em: <http://www.ciranda.net/brasil/article/uma-campanha-contra-a-publicidade>. Acesso em: 15 jul. 2011.

DASHEFSKY, Steven H. **Dicionário de ciência ambiental**: um guia de A a Z. 3. ed. São Paulo: Gaia, 2004.

FELDMAN, Fábio. A parte que nos cabe: consumo sustentável? In: TRIGUEIRO, André (Coord.). **Meio ambiente no século 21**: 21 especialistas falam da questão ambiental nas suas áreas de conhecimento. 4. ed. Campinas: Armazém do Ipê, 2005, p. 142-157.

MORISSAWA, Mitsue. **A história da luta pela terra e o MST**. São Paulo: Expressão Popular, 2001.

PUBLICIDADE Infantil Não. Disponível em: <http://www.publicidadeinfantilnao.org.br/>. Acesso em: 15 jul. 2011.

SANTOS, Milton. **Por uma outra globalização**: do pensamento único à consciência universal. 10. ed. Rio de Janeiro: Record, 2003.

SECRETARIA Municipal de Planejamento. Disponível em: <http://sempla.prefeitura.sp.gov.br/infogeral.php>. Acesso em: 30 jan. 2012.

SEVERIANO, Maria de Fátima V.; ESTRAMIANA, José Luis A. **Consumo, narcisismo e identidades contemporâneas**: uma análise psicossocial. Rio de janeiro: Eduerj, 2006.

WALDMAN, Maurício. Mais água, menos lixo: reciclar ou repensar? **Boletim Paulista de Geografia**, São Paulo, n. 79, p. 91-106, jul. 2003.

3

O meio ambiente

O que é a natureza? A natureza, o meio ambiente e as transformações provocadas pelo homem ao planeta são os assuntos a serem tratados neste capítulo.

Do ponto de vista pedagógico, este tema é importante por se tratar de algo que, nas últimas décadas, se tornou uma das principais preocupações mundiais. Na escola, o tema meio ambiente também deve estar presente em todas as disciplinas, pois a sua compreensão envolve a leitura de vários outros aspectos da sociedade como políticos, históricos, ecológicos etc., mas em especial na geografia, ciência que aborda diversos conteúdos relacionados ao estudo do meio ambiente.

De acordo com os Parâmetros Curriculares Nacionais de geografia,

> *O estudo mais detalhado das grandes questões do Meio Ambiente (poluição, desmatamento, limites para uso dos recursos naturais, sustentabilidade, desperdício), permite o trabalho com a espacialização dos fenômenos geográficos por meio da cartografia. Permite, também, o trabalho com as estatísticas, base de dados, leitura e interpretação de gráficos que são importantes nos estudos comparativos, nas simulações e na ideia inicial sobre planejamento que os alunos podem ter. Ainda como conteúdo procedimental, trabalhar com a formulação de hipóteses, produção de gráficos e mapas, coleta, organização e interpretação de dados estatísticos, prática da argumentação etc. (1998, p. 46).*

Fenômenos naturais de proporções avassaladoras que têm ocorrido ultimamente teriam relação uns com os outros? O aumento da temperatura dos oceanos teria relação com as secas que atingiram a Amazônia, que por sua vez estariam relacionadas com furacões, como o Katrina, ou ainda com o derretimento do gelo polar?

E para nossos alunos, o que significa natureza? É provável que, ao serem questionados a respeito do que seja a natureza, digam que são as árvores, o "mato", os animais, as florestas etc. Quando respostas como essas surgem, parece estar enraizada a ideia de que natureza seja algo distinto do meio em que os humanos vivem.

A ideia de que natureza é algo distinto do homem pode ser revelador de outro pensamento, o de que o ser humano poderia se apropriar dos recursos naturais como bem lhe conviesse, já que a espécie humana não se reconheceria como parte de um grande conjunto formador da vida e que constantemente interage por meio de componentes bióticos e abióticos. Será que foi assim que a humanidade se fez ao longo da história? Não se reconheceu? Há controvérsias, mas essa visão teria levado a nossa espécie a ver os recursos naturais como algo que existiria para satisfazer apenas as suas necessidades.

Podemos afirmar, com base na história, que não faz muito tempo que o homem percebeu não ser dono da Terra, mas, na realidade, fazer parte dela. Tal percepção só veio depois que o planeta passou, a seu modo, a demonstrar que as ações humanas comprometem o desenvolvimento da vida, inclusive a sua.

ATENÇÃO

Essa é uma questão complexa, uma vez que a humanidade está presente em, praticamente, todos os lugares do planeta. No entanto, referimo-nos aqui ao meio urbano, no qual vive mais de 80% da população brasileira e 50% da população mundial. Estimativas da Divisão de População das Nações Unidas apontam para 60% a parcela de população urbana no mundo em 2030.

Aqui é pertinente fazer uma observação a respeito das aulas de geografia que tratam de assuntos relacionados à natureza ou aos fenômenos que aos olhos dos alunos se revelam extraordinários. Nesses casos, a curiosidade aflora de maneira excepcional, o que é muito positivo. Os temas que abordam o desconhecido e aparentemente inexplicável, como fenômenos geológicos (vulcões, constituição interna da Terra etc.), astronômicos (planetas, o Universo e seus componentes etc.), climáticos (tempestades, furacões etc.) e outros em geral são os mais questionados.

3.1. CULTURA E CIÊNCIA

Explicar os fenômenos da natureza e suas consequências, especialmente aquelas resultantes das ações humanas, se tornou algo muito importante, pois a degradação ambiental já atingiu níveis alarmantes e tem sido objeto de preocupação internacional. Em aula, esse estudo pode também ser uma aventura, se nos dispusermos a analisar como outras culturas, por exemplo, tentam explicar certos acontecimentos ou como determinados povos se relacionam com a natureza e entre si. São situações que podem resultar em aprendizados bastante interessantes para professores e alunos.

Durante muito tempo a natureza se apresentou de forma mágica no processo da evolução cultural do homem. Esse fato explica, em grande parte, por que se estabeleceram certas divindades como desencadeadoras dos fenômenos naturais. O regime dos rios, o mecanismo da chuva, a germinação das sementes e a reprodução humana e animal eram sempre explicados pela intervenção das divindades. (PCN de geografia, 1998, p. 60).

O que ou quem comanda a natureza? De acordo com o texto reproduzido aqui, durante muito tempo, interpretações fantásticas tentavam explicar os fenômenos naturais, mas ainda hoje elas persistem, como se pode ver a seguir, por meio do relato citado por Tuan (2005, p. 81). Trata-se de um bom exemplo de interpretação de fenômenos naturais, colhido junto a um esquimó de Iglulik (Igloolik):

Tememos o espírito do tempo atmosférico da Terra, contra o qual devemos lutar para que não se extinga nosso alimento da terra e do mar. Temos medo de Sila. [...] Temos medo de Tákanakapsâluk, a famosa mulher do fundo do mar, que domina as feras marítimas [...].

> **ATENÇÃO**
>
> *Povoado localizado no norte da província de Nunavut, Canadá. Conta, de acordo com estimativas de 2010, com pouco mais de 1.730 habitantes.*

> **ATENÇÃO**
>
> *Publicado originalmente em BIRKET-SMITH, K. **The Eskimos**. London: Methuen & CO., 1936, p. 160-174.*

> **ATENÇÃO**
>
> *Motivo de controvérsias, os tasadai foram supostamente descobertos no início dos anos 1970 e por serem considerados muito primitivos atraíram a atenção de inúmeros estudiosos, no entanto, tempos mais tarde, foi revelado que supostamente eles não seriam tão primitivos como se imaginava e que sua descoberta não teria passado de uma fraude.*

> **ATENÇÃO**
>
> *Publicado originalmente em YEN, D. E., GUTIERREZ, H. G. The Ethnobotany of the Tasaday: I. The Useful Plants. In: YEN, D. E., NANCE, J. (Eds.) **Further Studies on the Tasaday**. Panamim Foundation Research Series, n. 2, Makati, Rizal, Philippines, 1976.*

Na Mesma obra (p. 64), Tuan relata como outra sociedade se relaciona com a natureza. Com relação aos tasadai que vivem em uma floresta nas Filipinas, diz o autor:

> *Os tasadai têm tabus; por exemplo, não podem mexer com as árvores e plantas ao redor do abrigo da caverna. Violá-los pode acarretar castigo na forma de chuvas torrenciais e ventania [...].*

Qual é a opinião da nossa sociedade sobre esse assunto? Qual será a reação dos nossos alunos quando souberem da tradição que põe medo nos esquimós ou do tabu que cerca a cultura tasadai? Darão risadas?

Nesse caso, seria importante dizer a eles que, em virtude do fato de certos fenômenos ultrapassarem sua capacidade de compreensão, esses povos recorreram a seres fantásticos, espíritos, castigos etc., a fim de explicar tais acontecimentos, e isso faz parte de sua cultura; assim como eles, a nossa cultura possui tradições e tabus que aos olhos de outros povos também podem parecer estranhos ou, até mesmo, engraçados.

Então, em que medida as forças da natureza interferem na nossa vida? Como a ciência explica determinados fenômenos e o que dizer da explicação oferecida por outras culturas para os acontecimentos naturais?

Em 26 de dezembro de 2004, ocorreu um fenômeno natural impressionante, um terremoto de alta magnitude no Oceano Índico, acontecimento que provocou uma sequência de ondas conhecidas por tsunamis ou maremotos, que invadiram e alagaram vastas regiões de países localizados no Sudeste Asiático, principalmente a Indonésia.

Tsunami é uma palavra de origem japonesa e sua tradução significa algo como "onda de porto", provavelmente em alusão ao fato de os tsunamis subirem muito conforme se aproximam da costa. À medida que se aproximam do litoral, as ondas são comprimidas pela diminuição da profundidade marinha, o que não ocorre em alto mar por causa da profundidade, podendo passar despercebidas. Esse fenômeno se tornou muito conhecido e praticamente qualquer pessoa sabe de que se trata em virtude de sua divulgação pela grande impressa.

A Indonésia, como se sabe, está localizada no Sudeste Asiático e é formada por milhares de ilhas. O país foi o mais atingido pelas ondas gigantes que alcançaram e inundaram a costa de várias de suas ilhas em 2004.

O saldo desse acontecimento foi trágico, conforme divulgação da imprensa internacional, pois milhares de pessoas morreram ou ficaram desaparecidas. De acordo com dados oficiais, entre mortos e desaparecidos, foram mais de 200 mil, em vários países.

Fenômeno semelhante ocorreu no Japão em 11 de março de 2011 em sua costa do Oceano Pacífico. Um terremoto de magnitude de 9 graus na escala Richter provocou tsunamis que atingiram o nordeste do país, principalmente na região da cidade de Sendai. Nesse caso, os efeitos provocados por um fenômeno da natureza também causaram um grave acidente em um complexo de usinas nucleares na região de Fukushima, o que levou o governo japonês a rever seus planos em relação às usinas nucleares, e suscitou o mesmo debate em diversos outros países do globo. No Japão, entre mortos e desaparecidos, foram mais de 27 mil pessoas.

Um tsunami, segundo especialistas, pode atingir até 30 metros de altura e, geralmente, é provocado por um terremoto no fundo do oceano ou por desprendimento de grande quantidade de terra e rocha, resultantes, por exemplo, de uma potente erupção vulcânica que atinja o mar. O deslocamento de um tsunami pelo oceano é muito rápido e, dependendo da profundidade da região pela qual a onda se desloca, pode ultrapassar 700 km/h. Ao longo de seu deslocamento a perda de energia é pequena, de modo que o tsunami pode atravessar milhares de quilômetros, em horas.

Esse acontecimento é difícil de ser previsto, pois o planeta, que é dotado de várias falhas geológicas, está sujeito a isso. Contudo, com o desenvolvimento constante de novas tecnologias, os cientistas podem prever erupções. Os vulcanólogos podem detectar um aumento na intensidade de sismos, que são vibrações produzidas no interior do planeta, com base em medições feitas pelos sismógrafos.

O tsunami que atingiu a Indonésia e vários outros países da Ásia, da África e da Oceania, teve origem em um terremoto de alta intensidade ocorrido no fundo do Oceano Índico, assim como o que afetou a costa nordeste do Japão, que também se originou no fundo mar, porém no Oceano Pacífico. Essa é a explicação que os cientistas dão para esses fenômenos. Também é improvável que eles tenham sido provocados pela ação humana, uma vez que a Terra, como já foi dito, está sujeita a isso, por causa da existência de falhas geológicas.

Em uma aula que trate desses temas, os alunos já começarão a perceber claramente que a leitura da realidade baseada em tradições culturais, muitas delas milenares, é absolutamente distinta da leitura feita pela moderna ciência em relação aos mesmos fenômenos.

Parece que o ponto chave está aí para as nossas aulas. É necessário expor aos alunos que culturas como a dos esquimós ou dos tasadai são importantes e devem ser respeitadas como qualquer outra cultura, mas que, entretanto, é a ciência que tem buscado e revelado, por meio de pesquisas, as explicações mais plausíveis para que possamos entender melhor os fenômenos da natureza.

3.2. A RESPOSTA DA NATUREZA E A REMEDIAÇÃO HUMANA

Será que todos os fenômenos de grandes proporções são resultantes exclusivamente da natureza? O que alunos de uma turma do 9º ano do Ensino Fundamental, por exemplo, responderiam a uma questão como esta?

No ano de 2005, dezenas de furacões se formaram no Oceano Atlântico, próximo à região do Caribe. Os furacões ocorrem nas regiões tropicais e são caracterizados por ventos de alta velocidade com forte e intensa precipitação. Como se sabe, esse fenômeno é comum em determinada época do ano, na região em questão.

> **ATENÇÃO**
>
> *De acordo com a escala de Saffir-Simpson, os ventos dos furacões dessa categoria atingem mais de 249 km/h e podem provocar danos gravíssimos. Exigem imediata evacuação de pessoas, pois podem destruir o que encontrarem pelo caminho. Dados obtidos em: NATIONAL HURRICANE CENTER. The Saffir-Simpson hurricane wind scale summary table. Disponível em: <http://www.nhc.noaa.gov/sshws_table.shtml?large>. Acesso em: 13 jul. 2011.*

Entretanto, entre os furacões daquele ano estava o Katrina, que atingiu a categoria 5, o máximo de força que pode ser alcançado por um furacão. O Katrina foi uma grande tempestade tropical originada no Atlântico, em uma região próxima às Bahamas, que atravessou parte do Caribe, atingindo a costa sul dos Estados Unidos pelo Golfo do México, especialmente a cidade de Nova Orleans, no estado da Louisiana. Com a passagem do furacão, os diques que protegiam a cidade romperam-se e a água represada no lago Pontchartrain invadiu-a, inundando toda a sua parte mais baixa, cerca de 80% do território. Mais de 200 mil casas ficaram debaixo d'água e cerca de 1 milhão de pessoas tiveram de ser evacuadas da região; a TV mostrou para o mundo as pessoas desesperadas tentando fugir e as estradas intransitáveis. Parecia um filme em que cidades inteiras fogem de algum tsunami ou asteroide, como Hollywood costuma realizar. Pode-se dizer que foi a realidade imitando a ficção. Muitas pessoas não conseguiram fugir, sobretudo os mais pobres, que ficaram isolados, sem água e sem comida; mais de 1.800 pessoas morreram e era comum ver corpos boiando nas ruas. A extração de petróleo e gás natural foi paralisada e o prejuízo total deixado pelo Katrina, nos Estados Unidos, correspondeu a aproximadamente 80 bilhões de dólares.

Qual a explicação para ocorrência de tantos furacões em 2005? Foram mais de dez casos, em apenas uma região do globo, o Caribe.

Estudiosos afirmam que esse fenômeno pode estar ligado às ações humanas que degradam o meio ambiente, especialmente com a emissão excessiva de poluentes atmosféricos que provocam graves danos à atmosfera, embora essa não seja uma posição consensual entre os especialistas do assunto.

Este é um campo fértil para o trabalho em sala de aula. A preocupação com o meio ambiente tem se tornado cada vez maior, a escola é o local apropriado para o debate e o aprofundamento de discussões a seu respeito, sobretudo quando se abordam as questões climáticas, que invariavelmente estão relacionadas à poluição do ar.

A emissão de gás carbônico como produto de queima de combustíveis fósseis seria o principal responsável pelo aumento da temperatura do planeta. No século XX, de acordo com estudos publicados, a temperatura da Terra teria subido em média cerca de 0,6 °C. Com isso, as consequências do efeito estufa teriam sido intensificadas. Entretanto, é importante ressaltar que não há consenso entre os cientistas a respeito do aquecimento global. Segundo os pesquisadores, chamados de céticos, que discordam de sua existência, o Painel Intergovernamental sobre Mudanças Climáticas – IPCC não estaria levando em conta, em suas análises, dados sobre a evolução da temperatura do planeta há centenas ou milhares de anos, isso, afirmam, estaria induzindo ao erro de análise daqueles que defendem a existência de um acelerado aquecimento global.

Divergências à parte, o efeito estufa é um fenômeno natural e, sem ele, não existiria vida em abundância na Terra, pois, como se sabe, ela seria muito fria. O problema é o excesso de poluição atmosférica, em especial a emissão demasiada de certos gases por determinados tipos de indústrias, usinas e automóveis, o que estaria provocando o aquecimento anormal do planeta. Os chamados gases estufa "aprisionam" a radiação infravermelha refletida pela superfície terrestre, aquecida pelo calor do Sol, impedindo-a de sair para a as camadas mais elevadas da atmosfera. Esse aumento de temperatura, segundo alguns cientistas, pode provocar também o derretimento das calotas polares e, assim, em conjunto

> **ATENÇÃO**
>
> O dióxido de carbono ocorre naturalmente na atmosfera terrestre e é vital, mas sua emissão excessiva tem sido apontada como responsável pelo aceleramento do efeito estufa na Terra. Além do CO_2, óxido nitroso e metano também são exemplos de gases com a mesma propriedade. Aproximadamente 80% do atual aquecimento global seria resultante da propagação desses gases. Os 20% restantes teriam como causa os desmatamentos, já que menos árvores significam menos incorporação de dióxido de carbono pelas plantas durante a realização da fotossíntese, além da queima da madeira, que resulta na liberação de mais desse gás na atmosfera.

> **ATENÇÃO**
>
> De acordo com o relatório do Painel Intergovernamental sobre Mudanças Climáticas (IPCC, na sigla em inglês). Fonte: INTERGOVERNMENTAL Panel on Climate Change. Disponível em: <http://www.ipcc.ch/>. Acesso em: 13 jul. 2011.

com a expansão térmica do volume d'água, aumentar o nível dos oceanos. Se isso realmente acontecer, cidades litorâneas, como o Rio de Janeiro, poderão ser inundadas.

Exaustivamente discutida, essa situação tem sido objeto de várias conferências internacionais que discutem o meio ambiente com a finalidade de se alcançar acordos entre os países para, entre outros objetivos, frear o aumento da poluição atmosférica.

Embora a temática ambiental esteja muito presente em encontros internacionais que buscam encontrar soluções pra amenizar os efeitos da poluição, esta continua aumentando no planeta em suas diversas formas, especialmente a do ar. Segundo o IPCC, se os níveis de poluição do ar continuarem a se elevar no ritmo atual, acredita-se que, até o final do século XXI, a temperatura da Terra deverá subir entre 1,8 °C e 4 °C!

Quando se fala em ambiente e poluição, convém lembrar que há uma série de outros fatores diretamente relacionados, entre os quais está a população. De acordo com estimativas demográficas da Organização das Nações Unidas (ONU), a população mundial atingiu cerca de 7 bilhões de pessoas em 2011 e poderá chegar a "9 bilhões em 2050 antes de provavelmente se estabilizar", conforme afirmam Boniface e Védrine (2009, p. 41). Com um planeta tão populoso pode-se imaginar o agravamento, por exemplo, das atuais condições ambientais atmosféricas e de produção de lixo no mundo, o que prejudicaria ainda mais o gigantesco e frágil ecossistema planetário.

> **Ecossistema:** sistema formado por todos os componentes responsáveis pela existência de vida e suas interações. Não há um limite de área para definir o que seja um ecossistema. Ele pode ser desde um tronco de árvore apodrecido em um determinado bioma onde se desenvolvem formas de vida até os limites, por exemplo, de uma floresta (Cf. DASHEFSKY, 2003).

Acreditamos que trabalhar com as questões ambientais, que são um assunto interdisciplinar, contribuirá significativamente para que os alunos compreendam a importância de se reconhecerem como parte da natureza, como também responsáveis pela preservação ambiental, e para que possam ter iniciativas em defesa do meio ambiente.

Não existe nenhum organismo individual que viva em isolamento. Os animais dependem da fotossíntese das plantas para ter atendidas as suas necessidades energéticas; as plantas dependem do dióxido de carbono produzido pelos animais bem como do nitrogênio fixado pelas bactérias em suas raízes; e todos juntos, vegetais, animais e microorganismos regulam toda biosfera e mantêm todas as condições propícias à preservação da vida. (CAPRA, 2002, p. 23)

Com os alunos, a discussão sobre a natureza passa necessariamente pela compreensão que eles têm da importância que ela possui. Os estudantes devem entender os problemas que ameaçam a vida na Terra e que o comportamento humano em relação ao planeta precisa ser modificado, sob pena de todas as formas de vida serem prejudicadas. Talvez este seja o mais importante de todos os debates a serem feitos com os alunos a respeito desse assunto.

3.3. INVERSÃO TÉRMICA E CHUVA ÁCIDA

De acordo com Dashefsky (2003, p. 211) "a poluição refere-se à mudança negativa na qualidade de alguma parte da nossa biosfera ou em aspectos da nossa vida. Essas mudanças, se deixadas ao acaso, podem causar aborrecimentos, doenças, morte ou até mesmo a extinção de uma espécie [...]".

Os seres humanos, como se sabe, são responsáveis pelo aumento das diversas formas de poluição, em especial a atmosférica; entretanto, ao mesmo tempo que podem ser responsabilizados, tornam-se também, assim como outros seres vivos, vítimas dos efeitos produzidos por ela.

O que ocorre com o ar em centros urbanos é um bom exemplo disso. A população residente nesses locais sofre com os efeitos resultantes da inversão térmica, fenômeno natural, mas que pode causar danos à saúde em decorrência da concentração de poluentes no ar. A inversão térmica pode ser descrita da seguinte maneira: nos dias de inverno, o ar próximo ao solo torna-se ainda mais frio em virtude da grande umidade localizada mais próxima à superfície, fato comum após a passagem de uma frente fria. Essa camada mais fria e próxima ao solo recebe, logo pela manhã, grande quantidade de gases poluentes dos automóveis que circulam pela cidade e, como está mais fria do que a camada de ar logo acima, não consegue dissipar-se no espaço. A camada de ar mais quente, por sua vez, está abaixo de outra camada também mais fria, que se encontra normalmente em maiores altitudes. Com isso, o ar mais quente fica "aprisionado" entre duas camadas de ar mais frio. Conclusão: com a emissão de gases poluentes, essa camada fria e mais baixa de ar retém a "sujeira" (gases poluentes) que é, então, respirada pelas pessoas. Nesses períodos de inverno, com a ocorrência da inversão térmica, as doenças respiratórias são mais frequentes, penalizando a população urbana em várias partes do mundo.

> **ATENÇÃO**
>
> *Dos planetas do Sistema Solar, até onde se sabe, apenas a Terra possui oxigênio suficiente para manter a abundância de vida que possui. Há cerca de 2,3 bilhões de anos (a Terra possui 4,5 bilhões) teriam surgido organismos capazes de realizar a fotossíntese. A partir de então, a quantidade de oxigênio na atmosfera terrestre teria aumentado até chegar aos 21% atuais. Foi esse processo que teria garantido o surgimento dos seres que respiram oxigênio.*

A poluição do ar provoca também a chamada chuva ácida, fenômeno causado pela radiação química dos poluentes, principalmente óxidos de nitrogênio e de enxofre, após terem contato com as nuvens. O efeito desse encontro é a dissolução desses compostos, resultando na formação de partículas de ácido sulfúrico que caem com as chuvas. A chuva ácida pode provocar a morte de peixes, queimar determinadas plantações e até corroer monumentos, entre outros danos.

3.4. UM MUNDO COM DESENVOLVIMENTO SUSTENTÁVEL?

Muitos esforços já foram feitos para diminuir os efeitos negativos da poluição atmosférica e outras formas de poluição do planeta, mas até agora, como se vê, pouco se conseguiu. Os governantes, ao longo de décadas, especialmente os de algumas nações mais ricas, têm colocado os interesses econômicos normalmente em primeiro lugar, o que obviamente não colabora com a busca de saídas para resolver as necessidades ambientais do planeta.

Diversas tentativas de melhorar a situação da Terra com medidas que visem à redução da emissão de gases poluentes na atmosfera, entre outras ações, têm sido realizadas desde meados do século XX.

Em nossa sociedade, é muito comum a produção exagerada de lixo acompanhada do mau hábito de atirar "tudo" ao chão. Sem generalizações, é razoável afirmar que um observador atento perceberá que o ato de se jogar lixo ao chão é, aparentemente, uma ação inconsciente, pois quem a comete parece não perceber o que está fazendo. Essa prática é ainda comumente vista no trânsito, em determinadas cidades do País: objetos são atirados pelas janelas de carros e ônibus, e nas ruas, por pedestres.

A abordagem do cotidiano relacionado às práticas que desrespeitam o espaço coletivo pode ser um bom e necessário tema para iniciar a discussão com os alunos sobre o meio ambiente. E um dos caminhos pode ser a abordagem do conceito de desenvolvimento sustentável.

O desenvolvimento sustentável, atualmente, tem sido um mote para se discutir a temática do meio ambiente. Trata-se de um conceito que vem sendo debatido desde meados do século passado e as ações em torno de sua eficácia têm apresentado, ao longo desse tempo, significativos avanços, mas também alguns retrocessos.

ATENÇÃO

O Brasil é muito grande e populoso e por isso nem sempre o que é comumente visto em uma cidade ou região será comum em outra; desse modo, o exemplo apresentado no texto certamente não se aplicará a algumas regiões do País, embora sirva de exemplo para se estabelecer uma franca discussão com os alunos sobre o tema em questão, independentemente de características culturais.

Desenvolvimento sustentável: Refere-se a uma planificação das ações humanas em relação ao meio ambiente a fim de atender à necessidade de desenvolvimento socioeconômico conciliado com a proteção ambiental.

Em setembro de 1968, ocorreu em Paris, na França, a Conferência Intergovernamental de Especialistas sobre as Bases Científicas para Uso e Conservação Racionais dos Recursos da Biosfera, conhecida como Conferência da Biosfera, a qual foi promovida pela Organização das Nações Unidas para a Educação, a Ciência e a Cultura (Unesco). Essa Conferência foi a primeira reunião intergovernamental com a finalidade de buscar alternativas que contribuíssem com a conservação e o uso dos recursos naturais no planeta, criando assim o conceito de Desenvolvimento Sustentável, que passaria a ser muito difundido internacionalmente.

Em 1970 foi lançado, também pela Unesco, o Programa Homem e Biosfera, cuja finalidade foi a de organizar uma rede de áreas protegidas, designadas Reservas da Biosfera, que abrangessem diferentes ecossistemas do globo.

Dois anos depois, em junho, na cidade de Estocolmo, na Suécia, a Conferência das Nações Unidas sobre o Meio Ambiente Humano coroou definitivamente, por assim dizer, o conceito de desenvolvimento sustentável como um objetivo a ser alcançado por todos os países.

É importante ressaltar, entretanto que, em 1968, já havia sido fundado pelo industrial italiano Aurelio Peccei (1908-1984) e pelo cientista escocês Alexander King (1909-2007) o Clube de Roma. Constituído por personalidades ligadas à economia, à política e à ciência, o Clube de Roma buscava debater um vasto conjunto de assuntos, mas em especial aqueles relacionados ao meio ambiente e ao desenvolvimento sustentável. Em 1972, foi publicado o relatório intitulado Os limites do crescimento, elaborado por uma equipe do Massachusetts Institute of Technology – MIT chefiada por Dana Meadows. O "Relatório Meadows", como ficou conhecido, tratou de problemas cruciais para o futuro desenvolvimento da humanidade, tais como energia, poluição, saneamento básico, saúde, meio ambiente, tecnologia e crescimento populacional, tornando-se um dos documentos mais importantes sobre ambiente, e influenciando o debate na Conferência de Estocolmo.

> Donella H. Meadows, "Dana" Meadows (1941-2001): pioneira cientista ambiental, professora e escritora. Coordenou a obra *Os limites do crescimento* e propôs uma série de ações para intervir em um sistema de maneira menos depredatória.

Entre os resultados publicados no Relatório Meadows, podem ser destacados:

1. Se as atuais tendências de crescimento da população mundial, industrialização, poluição, produção de alimentos e diminuição de recursos naturais continuarem imutáveis, os limites de crescimento neste planeta serão alcançados al-

gum dia dentro dos próximos cem anos. O resultado mais provável será um declínio súbito e incontrolável, tanto da população quanto da capacidade industrial.

2. É possível modificar essas tendências de crescimento e formar uma condição de estabilidade ecológica e econômica que possa se manter futuramente. O estado de equilíbrio global poderá ser planejado de tal modo que as necessidades materiais básicas de cada pessoa na Terra sejam satisfeitas, e que cada pessoa tenha igual oportunidade de realizar seu potencial humano individual.

3. Se a população do mundo decidir empenhar-se em obter esse segundo resultado, em vez de lutar pelo primeiro, quanto mais cedo ela começar a trabalhar para alcançá-lo, maiores serão suas possibilidades de êxito.

Diferentemente de outros movimentos sociais, o ambiental já se inicia em um patamar internacional. A realização da primeira Conferência das Nações Unidas sobre o Meio Ambiente Humano, realizada em 1972, significou a comprovação da elevada degradação em que a biosfera já se encontrava.

Esse encontro foi o primeiro e um importante evento sociopolítico voltado a discutir os problemas ambientais, causados pelo desenvolvimento das sociedades humanas fundamentadas em sistemas socioeconômicos que não priorizavam a defesa do meio ambiente. A racionalização imposta sempre buscou a satisfação humana sem a percepção de que o conjunto da biosfera não deveria ser manipulado da maneira como tem sido até os dias atuais. Os impactos ambientais ocorreram com uma intensidade nunca antes vista pela humanidade.

> **Educação ambiental:** Conceito no qual as pessoas tomam consciência de que são parte do meio ambiente e, por meio dessa compreensão, que resulta em valores, conhecimentos e novas práticas, passam a agir com o objetivo de preservar o meio ambiente e de resolver problemas ambientais.

Essa Conferência marcou o início de uma série de encontros internacionais, organizados principalmente pela ONU, que, juntos, têm um papel importante na institucionalização da educação ambiental tanto em nível local quanto em nível internacional.

ATENÇÃO

Pelo fato de o País possuir grande biodiversidade de fauna e flora em seu território, incluindo a maior parte da maior floresta tropical do mundo: a Amazônica.

A grande vocação brasileira para tratar de assuntos relacionados ao meio ambiente levou à escolha do Brasil para a realização da Segunda Conferência Mundial do Meio Ambiente, ECO-92, no Rio de Janeiro. Além disso, contribuíram para essa escolha acontecimentos como o então recente assassinato de Chico Mendes e o aumento do ritmo de desmatamento das florestas brasileiras.

Outro encontro internacional que abordou a questão ambiental foi realizado em 2002, em Johanesburgo, África do Sul, quando ocorreu a Cúpula Mundial sobre desenvolvimento sustentável, conhecida como Rio+10.

Nesse encontro, foi realizado um balanço dos dez anos da Agenda 21 e reafirmou-se a insustentabilidade do modelo econômico vigente e predominante no mundo que seria responsável pelas mudanças climáticas sem precedentes no planeta.

Em 1997, a terceira Conferência das Partes (COP 3) foi realizada na cidade de Kyoto, com representantes de 159 nações. O documento resultante desse encontro teve por objetivo estabelecer metas para redução das emissões de gases estufa para os países considerados desenvolvidos. A ideia era diminuir as emissões em 5,2% até 2012, comparando-se com os níveis de 1990, a fim de tentar frear o aquecimento global.

O maior problema enfrentado para a implementação do Protocolo de Kyoto foi que, para se tornar um regulamento internacional, o acordo precisava da adesão de um grupo de países que, juntos, seriam responsáveis por, pelos menos, 55% das emissões desses gases tóxicos em 1990. Como esse número não foi alcançado de imediato, ele só entrou em vigor no dia 16 de fevereiro de 2005. Os Estados Unidos, que são responsáveis por mais de 35% das emissões de gases, negaram-se a participar. Posteriormente, com a adesão da Rússia, também um dos maiores poluidores, atingiu-se o número esperado.

Entre os encontros mais recentes está a Conferência das Nações Unidas Sobre as Mudanças Climáticas ou COP 15, ocorrida entre os dias 7 e 18 de dezembro de 2009, em Copenhague, capital da Dinamarca, que teve por objetivo estabelecer o tratado que substituirá o Protocolo de Kyoto. Esse foi um dos maiores encontros já realizados pela ONU para discutir o ambiente, pois contou com representantes de 192 países.

Parece que um dos grandes desafios da educação escolar está relacionado a esse contexto, ou seja, despertar nos alunos a visão de mundo que normalmente não é difundida, talvez por falta de vontade política e/ou porque não há interesse geral em se debater a situação, exceção feita a poucos e ainda insuficientes movimentos da sociedade civil e parte da imprensa que alcançam uma pequena parcela da população. A ideia de que as coisas são como são porque é assim que devem ser precisa urgentemente ser desmistificada. E acreditamos que na escola há um campo fértil para enfrentar esse desafio.

> **ATENÇÃO**
>
> *Mais informações sobre este documento podem ser encontradas em: GREENPEACE. O Protocolo de Kyoto. Disponível em: <http://www.greenpeace.org.br/clima/pdf/protocolo_kyoto.pdf>. Acesso em: 15 jul. 2011.*

Além disso, a busca de alternativas na relação entre a sociedade e a natureza também deve estar pautada nas aulas de geografia. A troca de ideias em conjunto com a busca de mais informações sobre o tema pode contribuir para a consolidação de um rico processo de construção de conhecimentos que provavelmente resultará em atitudes novas, acompanhadas da perspectiva de um mundo sustentável. "Deve fazer parte dos debates na escola o questionamento de valores e hábitos negativos, do ponto de vista da conservação ambiental, como o consumismo e o desperdício, que fazem parte do cotidiano" (PCN, 1998, p. 218).

3.5. TRABALHANDO O TEMA COM OS ALUNOS

a. Atividade 1: A importância da vegetação local.

b. Objetivos: Refletir a respeito da presença da vegetação na rua, na vila ou no bairro e compreender a sua importância; relacionar a urbanização com meio ambiente; reconhecer a importância da conservação ambiental; utilizar o recurso da observação em procedimentos de pesquisa.

c. Desenvolvimento:

> **ATENÇÃO**
>
> *Considera-se, para a realização dessa atividade, o meio urbano, mas, caso se trate do meio rural, a atividade não perde o sentido; nesse caso, o aluno poderá fazer a observação na área urbana do município. Entretanto, se por alguma razão houver impedimentos, cabe uma adequação à realidade vivida, a critério do professor.*

Módulo 1: Solicite aos alunos que observem as árvores que estão plantadas nas ruas, em praças ou parques, atentando para características de cada espécie como altura, florescência, aspecto do tronco, das folhas, onde e como estão plantadas, se há cuidados evidentes ou se estão abandonadas, se há espaço para o seu desenvolvimento etc. Peça a eles que descrevam também praças e/ou parques, caso existam nas proximidades. Essa observação poderá ser feita durante o trajeto de casa para a escola ou vice-versa. Cada aluno poderá ficar responsável, por exemplo, por cinco árvores. Oriente-os para que retirem uma amostra de uma folha com cuidado ou coletem alguma que esteja caída para que possa ser identificada na escola.

Módulo 2: Faça com os alunos a identificação das espécies. Nesse caso, há a necessidade de consulta a obras que ajudem professores e alunos. Na Seção 3.7 sugerimos manuais de identificação de árvores. Se considerar viável, convide o professor de ciências para ajudar nesse trabalho.

Com identificação será possível saber e, posteriormente, discutir:

1- se aquelas árvores são nativas do território brasileiro e, sendo, de qual bioma;

2- se são pioneiras, secundárias/intermediárias ou clímax;

3- o quanto crescem e se, por causa de seus respectivos portes, estão plantadas em lugares adequados.

Estimule os alunos a refletir sobre esta questão:

Haveria carência de árvores no bairro?

Módulo 3: Prepare os alunos para realizarem entrevistas com os vizinhos que tenham árvores em suas calçadas a fim de que se saiba o porquê de tê-las plantado. Organize, junto com os alunos, um roteiro de perguntas de modo a saber o que as pessoas pensam a respeito desse tema. Questione-os sobre o fato de já terem parado ou não para interagir com esses ambientes, se já observaram a fauna existente, como pássaros e outros animais.

Módulo 4: Em uma atividade extraclasse, convide os alunos a pisarem descalços na grama, a sentirem o contato direto com a terra, a desfrutarem, em um dia de Sol, da sombra de uma árvore e compará-la com a sombra de uma parede, por exemplo, enfim, desenvolva com os alunos atividades que os aproximem da natureza, que os faça se reencontrarem com ela. Estabeleça comparações com o mundo do concreto e do asfalto e discuta a presença de vida em ambientes onde há verde.

d. Avaliação: Pode-se finalizar com a produção de uma redação que descreva a experiência ou com uma ilustração sobre o que foi observado.

Uma ação que poderá resultar desse trabalho é, caso seja constatada a falta de árvores, solicitar formalmente à prefeitura o plantio de espécies adequadas em ruas do bairro.

Outra forma interessante de finalizar a atividade seria o plantio, pela turma, de uma ou mais espécies, preferencialmente nativas, no espaço da escola.

a. Atividade 2: As culturas e o meio ambiente.

b. Objetivos: Conhecer distintas culturas e refletir a respeito da relação que o homem trava com o ambiente.

c. Desenvolvimento:

Módulo 1: Solicite aos alunos a realização de uma pesquisa a respeito de diferentes sociedades. Pode-se usar o mapa-múndi político para que, orientados pelo professor, elejam a região que desejam pesquisar. Seria interessante, porém, o professor pré-selecionar regiões bastante distintas a fim de evitar que os alunos escolham países ou regiões próximas umas das outras e/ou mais conhecidas. Nesse caso, apresente as regiões pré-selecionadas para que, em grupos, possam escolhê-las e/ou, se for necessário, sorteie-as.

Proponha que preparem uma apresentação a respeito dessas culturas e de suas relações com o ambiente, assim como relatado nesse capítulo sobre os esquimós da região de Iglulik e dos tasadai. A apresentação poderá conter imagens e descrição da cultura escolhida.

Módulo 2: Promova um debate entre os alunos a fim de que reconheçam a variedade cultural espalhada pelo mundo como sinônimo de riqueza da humanidade e, com isso, percebam, entre outros fatores, a importância do respeito às diferenças.

d. Avaliação: Ainda sobre cultura e comportamento, os alunos podem entrevistar pessoas mais velhas de sua família, como avós, por exemplo. Com um roteiro preparado em aula, a ideia seria procurar saber como teria sido a relação que as gerações mais antigas teriam tido com o meio. Discuta a necessidade de comparar as mudanças de comportamento que ocorreram e o que de mais significativo representam.

a. Atividade 3: As tentativas de reverter o quadro.

b. Objetivo: Estudar as grandes conferências do meio ambiente, especialmente a ECO-92 e seus resultados; compreender a importância que possuem os esforços empreendidos em tais encontros para tentar mudar a situação ambiental planetária.

c. Desenvolvimento:

Módulo 1: Com a discussão do tema em sala de aula abordando as grandes conferências e encontros internacionais sobre o meio ambiente, organize a turma em grupos a fim de que busquem mais informações a respeito do assunto abordado. Exemplos de questões que podem ajudar a sustentar a pesquisa: O que propõem tais conferências? Quais resultados já foram alcançados? Quais organizações internacionais estão envolvidas com projetos ambientais de grande vulto? O que pensam os governos de diferentes países? Qual é tratamento dado pela imprensa às reivindicações apresentadas por Ongs, por exemplo? É fundamental enfocar a ECO-92 e os principais temas que marcaram essa conferência, assim como os principais documentos elaborados e que se tornaram referências globais.

Exemplos:

- Desenvolvimento sustentável.
- Carta da Terra.
- Agenda 21.
- Tratado da Biodiversidade.

Solicite que levem o resultado do trabalho de pesquisa para discussão em aula.

Módulo 2: Promova um debate e questione os alunos: qual é a importância desses acordos para o planeta? Por que é tão difícil conseguir se chegar a um consenso em relação à defesa do meio ambiente, uma vez que se sabe que o excesso de poluição está causando sérios danos ao meio ambiente? Quem ou o que estaria por trás de interesses que prejudicam o interesse coletivo?

Módulo 3: Realize uma simulação da Assembleia Geral da ONU ou de uma grande conferência sobre o meio ambiente, na qual são delegados determinados papéis aos alunos para que possam decidir sobre o futuro do planeta. Alguns podem assumir o papel de importantes Ongs e defender o ponto de vista da organização; outros, de governos de países ricos; outros, ainda, de países com grande biodiversidade, e assim por diante.

d. Avaliação: Solicite aos alunos que exponham seus respectivos pontos de vista sobre o tema e que apresentem também propostas que possam resultar em um trabalho de educação ambiental na escola. Anote-os na lousa e, com base nessa discussão, elaborem conjuntamente um documento (proposta) para ser debatido em toda a escola com o objetivo de que seja um norteador de ações que promovam um ambiente escolar sustentável.

3.6. PARA FINALIZAR

Não é demais lembrar que a humanidade é a espécie dominante e mais espalhada pelo planeta, embora sua presença seja um evento recente, se considerada a idade que a Terra possui. Por ser dominante, o homem tem o controle, sem precedentes, dos acontecimentos, o que faz com que tenha responsabilidade com o que acontece ao planeta.

A poluição do ar é um dos maiores problemas causados pelo homem. A atmosfera já tem mais de 382 partes por milhão—ppm de gás carbônico, cerca de 50 ppm a mais do que era encontrado na década de 1930 e, mesmo com tantas evidências, ainda não

> **ATENÇÃO**
>
> *Exemplos de páginas da Internet que podem facilitar a pesquisa dos alunos: A CARTA da Terra em Ação. Disponível em:<http://www.cartadaterrabrasil.org/prt/index.html> e UNITED Nations. Disponível em: <http://www.un.org/>. Acessos em: 17 jul. 2011.*

há consenso sobre as causas do efeito estufa, mas há consenso de que a preservação ambiental não combina com a devastação que ocorre nas florestas tropicais e nem com as toneladas que lixo que se encontram nos oceanos.

Campo fértil e prazeroso para trabalhar com os alunos, mais que isso, o meio ambiente é tema fundamental na escola e na sociedade, ainda mais no momento em que o Brasil e outros países considerados "emergentes" estão se destacando no mundo, inclusive em relação à poluição que causam.

3.7. SUGESTÕES DE LEITURA

ARAÚJO, Antônio Emílio A. de. Aquecimento global: a politização da ciência. **Geografia:** conhecimento prático, São Paulo, n. 40, p. 14-23, 2011.

BESSAT, Frédéric. A mudança climática entre ciência, desafios e decisões: olhar geográfico. **Terra Livre**, São Paulo, ano 19, v. I, n. 20, p. 11-26, jan.-jul. 2003.

BRASIL. SECRETARIA DE EDUCAÇÃO FUNDAMENTAL. **Parâmetros Curriculares Nacionais**: terceiro e quarto ciclos: apresentação dos temas transversais. Brasília: MEC/SEF, 1998.

CARVALHO, José C. de M. **Atlas da fauna brasileira**. 3. ed. São Paulo: Melhoramentos, 1995.

LORENZI, Harri. **Árvores brasileiras:** manual de identificação e cultivo de plantas arbóreas nativas do Brasil. v. 3. Nova Odessa: Instituto Plantarum, 2009.

_____. **Palmeiras brasileiras e exóticas cultivadas**. Nova Odessa: Instituto Plantarum, 2004.

_____. **Árvores brasileiras:** manual de identificação e cultivo de plantas arbóreas nativas do Brasil. v. 1, 3. ed. Nova Odessa: Instituto Plantarum, 2000.

_____. **Árvores brasileiras:** manual de identificação e cultivo de plantas arbóreas nativas do Brasil. v. 2, 2. ed. Nova Odessa: Instituto Plantarum, 1998.

LORENZI, Harri; SOUZA, Hermes M. de. **Plantas ornamentais no Brasil**: arbustivas, herbáceas e trepadeiras. 3. ed. Nova Odessa: Instituto Plantarum, 2001.

LORENZI, Harri et al. **Árvores exóticas no Brasil:** madeireiras, ornamentais e aromáticas. Nova Odessa: Instituto Plantarum, 2003.

MINC, Carlos. **Como fazer movimento ecológico e defender a natureza e as liberdades**. Petrópolis: Vozes, 1985.

VEIGA, José Eli da; ZATZ, Lia. **Desenvolvimento sustentável**: que bicho é esse? Campinas: Autores Associados, 2008.

WALDMAN, Maurício. **Ecologia e lutas sociais no Brasil**. 4. ed. São Paulo: Contexto, 1998.

WALDMAN, Maurício; SCHNEIDER, Dan. **Guia ecológico doméstico**. São Paulo: Contexto, 2000.

3.8. BIBLIOGRAFIA

BESSAT, Frédéric. A mudança climática entre ciência, desafios e decisões: olhar geográfico. **Terra Livre**, São Paulo, ano 19, v. I, n. 20, p. 11-26, jan.-jul. 2003.

BONIFACE, Pascal; VÉDRINE, Hubert. **Atlas do mundo global**. São Paulo: Estação Liberdade, 2009.

BRASIL. SECRETARIA DE EDUCAÇÃO FUNDAMENTAL. **Parâmetros Curriculares Nacionais**: terceiro e quarto ciclos: apresentação dos temas transversais. Brasília: MEC/SEF, 1998.

CAPRA, Fritjof. **As conexões ocultas**: ciência para uma vida sustentável. São Paulo: Cultrix, 2002.

_____. Alfabetização ecológica: o desafio para educação do século 21. In: TRIGUEIRO, André (Coord.). **Meio ambiente no século 21**: 21 especialistas falam da questão ambiental nas suas áreas de conhecimento. 4. ed. Campinas: Armazém do Ipê, 2005.

DASHEFSKY, Steven H. **Dicionário de ciência ambiental**: um guia de A a Z. 3. ed. São Paulo: Gaia, 2003.

DIAS, Genebaldo F. **Educação ambiental**: princípios e práticas. 7. ed. São Paulo: Gaia, 2001.

INTERGOVERNMENTAL PANEL ON CLIMATE CHANGE. Disponível em: <http://www.ipcc.ch/>. Acesso em: 13 jul. 2011.

LEFF, Enrique. **Epistemologia ambiental**. 2. ed. São Paulo: Cortez, 2002.

NATIONAL HURRICANE CENTER. The Saffir-Simpson hurricane wind scale summary table. Disponível em: <http://www.nhc.noaa.gov/sshws_table.shtml?large>. Acesso em: 13 jul. 2011.

NOVAES, Washington. Agenda 21: um novo modelo de civilização. In: TRIGUEIRO, André (Coord.). **Meio ambiente no século 21**: 21 especialistas falam da questão ambiental nas suas áreas de conhecimento. 4. ed. Campinas: Armazém do Ipê, 2005.

PACIORNICK, Newton. Algumas considerações sobre o aquecimento global e suas repercussões. **Terra Livre**, São Paulo, ano 19, v. I, n. 20, p. 127-135, jan.-jul. 2003.

RIBEIRO, Wagner C. Mudanças climáticas, realismo e multilateralismo. **Terra Livre**, São Paulo, ano 18, v. I, n. 18, p. 75-84, jan.-jun. 2002.

SANTOS, Milton. **Por uma outra globalização**: do pensamento único à consciência universal. 10. ed. São Paulo: Record, 2003.

TREPL, Ludwig. O que pode significar impacto ambiental? In: MÜLLER-PLANTENBERG, Clarita; AB'SÁBER, Aziz. (Orgs.). **Previsão de impactos**. 2. ed. São Paulo: Edusp, 2002.

TUAN, Yi-Fu. **Paisagens do medo**. São Paulo: Editora Unesp, 2005.

VERÍSSIMO, Maria Elisa Z. Algumas considerações sobre aquecimento global e suas repercussões. **Terra Livre**, São Paulo, ano 19, v. I, n. 20, p. 137-143, jan.-jul. 2003.

4

O relevo terrestre

Este capítulo enfoca fenômenos da natureza, especificamente aqueles relacionados às formas do relevo, um dos assuntos da geografia física.

Do ponto do vista do ensino da geografia, o relevo é um tema muito importante, pois é o ponto de partida para que se entenda a gênese das formas da superfície da Terra. O estudo do relevo permite a compreensão de que sua existência não ocorre por acaso e que o conjunto das formas da superfície terrestre não é estático, como aparenta ser, mas, antes, sofre transformação contínua e significativa.

Esse estudo é importante também porque os alunos poderão relacionar as formas da superfície com os diferentes modos de sua ocupação e as consequências que acarretam para a sociedade como, por exemplo, nas construções de habitações em encostas, que oferecem riscos aos seus habitantes. Poderá levá-los também a refletir sobre as transformações impostas à natureza, quando o relevo tem suas formas alteradas para atender às necessidades humanas, como na construção de rodovias, que modificam a paisagem.

4.1. AS FORMAS DA SUPERFÍCIE TERRESTRE

As formas da superfície sólida da Terra, especialmente as maiores elevações, como se sabe, são resultado de duas forças – a endógena (interna), responsável pelas formas mais elevadas, e a exógena (externa), responsável por suas formas esculturais. Ao ensinar sobre o relevo, os professores de geografia precisam usar seus conhecimentos a respeito de outra ciência que não tem "cadeira" na Educação Básica: a geologia. Nesse nível de ensino, os conceitos da geologia são muito utilizados nas disciplinas de ciências e geografia física e são fundamentais para explicar os fenômenos relacionados ao relevo.

Dessa forma, a geologia está presente no cotidiano da escola e é uma das responsáveis pelo afloramento da curiosidade científica nos alunos. Por meio de estudos que envolvem desde as hipóteses de como teria surgido a Terra até sua constituição atual, a geologia explica a história natural do planeta.

Acredita-se que a Terra exista há aproximadamente entre 4,5 e 4,6 bilhões de anos (LEINZ; AMARAL, 1998; MOURÃO, 1995; SALGADO-LABOURIAU, 1994). Durante esse período, o planeta sofreu modificações e adquiriu as características que hoje conhecemos.

> *Muitos são os fenômenos naturais que despertam interesse e curiosidade dos alunos pelos processos e tempos da natureza. O estudo do vulcanismo, dos terremotos, com suas consequências muitas vezes catastróficas para a sociedade, poderá ser explorado como detonador de uma discussão dos processos que originaram as diferentes formas de relevo. Quase sempre esses fenômenos de grande impacto são a maneira mais favorável de introduzir temáticas da natureza. (PCN: geografia, 1998, p. 61).*

Constituição da Terra

Os fenômenos naturais influenciam as atividades humanas e, embora tenhamos alcançado um grau de desenvolvimento técnico-científico aprimorado, não é possível prever com segurança ou evitar certos eventos naturais que podem provocar catástrofes decorrentes de terremotos, erupções vulcânicas, maremotos, tornados etc. No entanto, conhecer como se apresenta e como normalmente se comporta o planeta é fundamental para planejar as ações da sociedade em relação à organização do espaço. É nesse sentido que o estudo da constituição da Terra se torna necessário nas aulas de geografia.

O que se sabe sobre o interior do planeta é resultado de pesquisas feitas pelos geólogos. De acordo com esses estudos, acredita-se que a Terra possua três grandes partes que formam sua estrutura principal, as quais são chamadas de camadas: a crosta, o manto (superior e inferior) e o núcleo (externo e interno).

A crosta perfaz a camada superficial do planeta, uma "casquinha" "com espessura variando de 25 a 50 km nos continentes e de 5 e 10 km nos oceanos" (TEIXEIRA et al., 2001, p. 49). O fundo dos oceanos é chamado de "assoalho oceânico". Dizer que a crosta é uma "casquinha" com dezenas de quilômetros ajuda os alunos a perceberem a dimensão que o planeta possui.

Nas aulas que tratam desses assuntos é pertinente o apoio de recursos didáticos específicos que ilustrem o que está sendo dito, pois, muitas vezes, os alunos sentem dificuldades para abstrair certos conceitos e construir o conhecimento apenas com aulas expositivas. Assim, recomendamos que sejam utilizados variados recursos, desde mapas até a Internet, que poderão contribuir para se alcançar um bom resultado ao se ensinar os conceitos presentes nesse livro, mais especificamente os deste capítulo.

O manto, com uma profundidade que atinge aproximadamente 2.950 km (Cf. TEIXEIRA et al., 2001), é formado por material rochoso fundido; também possui uma parte sólida, composta por minerais já cristalizados e possíveis fragmentos de rochas, além de gases. É do manto que provém a lava, caracterizada por ser menos viscosa, resultado das significativas mudanças físico-químicas sofridas durante o processo vulcânico. (Ibid., 2001). Lava, portanto, é o nome que se dá ao magma quando este é expelido pelo vulcão por meio de uma erupção efusiva.

> **ATENÇÃO**
>
> *A erupção vulcânica não necessariamente será rápida ou violenta, como no caso de uma erupção explosiva, podendo também ocorrer de maneira lenta.*

No entanto, nem todos os vulcões expelem lava na forma líquida. Alguns expelem pedaços de rochas a elevadas temperaturas, são fragmentos que podem ser provenientes da parede interna do próprio vulcão, que não resiste à força de certas erupções, ou das rochas rígidas do manto, que se quebram com a força da explosão. São chamados de blocos. Já a lava, quando se resfria durante sua trajetória no ar, após as violentas explosões, recebe o nome de bombas. Estas, em geral, apresentam aspecto retorcido e arredondado (Ibid., 2001).

Nesses casos, trata-se de erupção explosiva, que, em geral, é acompanhada também de grande quantidade de vapores, cinzas e poeira. Os componentes da erupção explosiva recebem o nome de fluxo piroclástico, do grego *pyros* = fogo e *klastos* = quebrado, ou ainda queda piroclástica.

> **ATENÇÃO**
>
> *Entendemos que seja imprescindível o uso de imagens para ilustrar esses fenômenos durante a aula. Para os alunos, as características específicas desses dois tipos de produtos vulcânicos poderão ser mais bem compreendidas se o professor demonstrar, por meio de imagens, as reais diferenças entre elas.*

O núcleo da Terra, localizado a profundidades ainda maiores que 2.950 km, está dividido em duas partes: o núcleo interno, parte central, e a camada que o envolve, chamada de núcleo externo, que provavelmente se encontra no estado líquido. Acredita-se que o núcleo da Terra seja composto, principalmente, por ferro, e que nessa região a temperatura possa chegar até a 6.000 °C. (Ibid., 2001).

Não é raro os alunos perguntarem como se sabe a respeito de diversas coisas que estão fora do alcance humano, já que a maior perfuração feita até hoje na crosta foi de 12 km de profundidade, marca atingida por cientistas russos e que é insignificante, se considerado o raio do planeta de 6.370 km.

> *A análise das ondas sísmicas, registradas na superfície, permite deduzir várias características das partes internas da Terra atravessadas pelas ondas [...]. A análise de milhares de terremotos durante muitas décadas permitiu construir as curvas tempo-distância de todas as ondas refratadas e refletidas no interior da Terra e deduzir a sua estrutura principal [...]. (Ibid., p. 47 e 49).*

Para o estudo geográfico é importante entender o essencial da estrutura planetária a fim de que se tenha clareza de sua influência para a vida que existe na sua superfície. O que há no interior da Terra, sabemos, influencia enormemente a sua constituição exterior.

Além das imagens que poderão ser utilizadas para tratar desse tema na escola, e já sugeridas por nós, o professor poderá analisar, junto com os alunos, eventos ocorridos recentemente e que têm influenciado na organização e alterado a rotina em grandes cidades de alguns países. Um bom exemplo é o do vulcão chileno Puyehue que, em suas últimas erupções, ocorridas no ano de 2011, liberou grande quantidade de cinzas e afetou o transporte aeroviário no Chile, na Argentina, no Uruguai e no sul do Brasil.

> *É essencial que o professor possa fazê-los compreender que existem leis naturais que regulam esses fenômenos. Ele pode explicar que alguns desses fenômenos ficaram marcados na História, a exemplo do ocorrido em Pompeia e Herculano, na Itália da Antiguidade. Pode relativizar com eventos atuais, como a cidade de São Francisco, na Califórnia, Estados Unidos, situada em uma linha de falha tectônica, que a coloca em permanente risco de uma catástrofe. Ao mesmo tempo,*

poderá explicar o desenvolvimento das tecnologias criadas pelo homem para precaver-se dos riscos que podem acarretar, principalmente quando ocorrem em áreas densamente urbanizadas. (PCN, 1998, p. 61-62).

A LITOSFERA, OS MINERAIS E AS ROCHAS

O aumento da população mundial e a crescente necessidade da demanda por matérias-primas de determinados setores produtivos, especialmente após a Revolução Industrial, chegou a colocar em risco alguns recursos encontrados na natureza; outros passaram a ser objeto de intensa exploração para atender a tais necessidades.

Dessa forma, minerais e rochas passaram a ter importância econômica e a ser bastante explorados.

De acordo com Teixeira et al. (2001, p. 446),

Sem os recursos minerais, a humanidade não teria como subsidiar seu crescente desenvolvimento tecnológico. A aplicação de técnicas modernas, por vezes altamente refinadas, permitiu-lhe descobrir, obter e transformar bens minerais em bens manufaturados que tornaram a vida mais confortável. Nos primórdios da civilização, nós, humanos, utilizamos lascas de quartzo para confeccionar nossos instrumentos rudimentares de caça ou luta e hoje ainda utilizamos este mineral para produzir objetos sofisticados como transistores ou fibras ópticas.

Com essa constatação, se torna necessária a reflexão sobre a importância dos minerais e das rochas nas aulas de geografia, especialmente por se tratar de recursos que diretamente se relacionam com o cotidiano por meio de produtos resultantes de sua transformação, sendo assim um importante conteúdo para a compreensão do espaço e da realidade.

A vida humana e outras formas de vida desenvolvem-se permanentemente no tempo e no espaço e constituem a biosfera. Biosfera, litosfera, hidrosfera e atmosfera formam, como é sabido, um conjunto bem equilibrado.

A litosfera é constituída por minerais e rochas.

Compostos químicos, sólidos e cristalinos, os minerais são formados naturalmente por meio da interação de processos geológicos inorgânicos. O único mineral líquido é o mercúrio

---

> **ATENÇÃO**
>
> *Quando são importantes, do ponto de vista econômico, minerais e rochas passam a ser chamados de minério. (Cf. TEIXEIRA et. al., 2001)*
>
> **Biosfera:** porção constituinte da Terra que abriga a vida. As inúmeras formas de vida do planeta são encontradas na atmosfera, essencialmente na troposfera; sobre a superfície sólida – litosfera –, ou a poucos centímetros abaixo dela; e na hidrosfera, a parte líquida, notadamente em oceanos e corpos de água doce, como rios e lagos. (Cf. DASHEFSKY, 2003).
>
> **Litosfera:** camada que, pelo fato de ser bem mais espessa que a crosta, poderia ser considerada a verdadeira "casca" da Terra. Sólida, a litosfera é formada pela parte superficial do manto, constituído de rochas rígidas e pela crosta terrestre, a "casquinha" que envolve a Terra. Por isso a litosfera apresenta uma média de pouco mais de 100 km de profundidade. (Cf. TEIXEIRA et. al., 2001).
>
> **Hidrosfera:** corresponde à água do planeta, que se apresenta sob diversas formas: líquida que cobre pouco mais de 70% da superfície terrestre e engloba água doce e salgada, e sólida, como as calotas polares; também contribuem com a formação da hidrosfera as águas subterrâneas, as nuvens e na forma de vapor presente na atmosfera. (Cf. DASHEFSKY, 2003).

Atmosfera: *camada gasosa que envolve a Terra e que é constituída aproximadamente de nitrogênio 78%, oxigênio 21% e 1% para outros gases, com destaque para o argônio com 0,93% e o dióxido de carbono com 0,03%. (Cf. AYOADE, 2001).*

Nota: Em relação ao gelo, considera-se mineral apenas aquele formado naturalmente, como nas calotas polares. (Cf. TEIXEIRA et al., 2001).

(Ibid., 2001). Alguns exemplos comuns de minerais são: quartzo, diamante, ouro, enxofre, turmalina, topázio, gelo etc.

Já as rochas são resultantes da junção de minerais ocorrida na natureza, ou seja, para haver rochas é necessário que os minerais se agrupem.

O acesso a exemplares de minerais e rochas é muito recomendado para que os alunos possam manuseá-los e, por meio desse contato, aprenderem a identificar alguns exemplares. Sugerimos que, se possível e caso haja algum museu geológico ou de história natural próximo à escola, seja organizada uma visita. Cabe ao professor não perder de vista a necessidade de associar esses conhecimentos com o cotidiano e demonstrar que muitas das coisas que se usam no dia a dia são resultantes de pesquisas que envolvem conhecimentos da geologia, da química, da física etc., e, portanto, que o conhecimento científico não é algo que está distante da realidade vivida. A motivação dos alunos pelo que se estuda também está no sentido que veem naquilo que estão aprendendo, desse modo, promover essa relação pode ser muito interessante para que eles percebam, com mais facilidade, a importância dos temas estudados.

Em relação à aprendizagem dos alunos sobre esse assunto, cabe-nos distinguir também os diferentes tipos de rochas que são encontradas na Terra.

Magmáticas ou ígneas, que se originam do resfriamento do magma e podem ser intrusivas (formadas quando o magma não consegue chegar à superfície e se resfria no interior da crosta) ou extrusivas (formadas quando o magma alcança a superfície e resfria-se). Exemplos: o granito é o tipo mais comum de rocha magmática intrusiva, e o basalto, de extrusiva.

Sedimentares: originam-se da compactação de fragmentos resultantes do intemperismo (decomposição) que sofrem os outros tipos de rochas. Exemplos: arenito, calcário etc.

Metamórficas: são resultantes de um processo de metamorfismo (transformação) que sofrem as outras rochas em estado sólido, quer dizer, elas se transformam sem deixar de ser sólidas. Esse processo acontece por causa das mudanças (aumento) de temperatura e/ou pressão a que ficam submetidas. Exemplos: mármore (resultante do metamorfismo do calcário) e quartzito (resultante da transformação do arenito).

A TECTÔNICA DE PLACAS

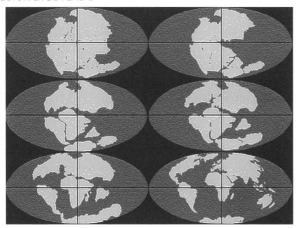

Figura 4.1 *– A divisão das placas tectônicas. Fonte: TERRAGIRA. Da deriva continental à tectónica das placas. Disponível em: <http://terragiratg.blogspot.com/search/label/TECT%C3%93NICA%20DE%20PLACAS%20-%20DERIVA%20CONTINENTAL>. Acesso em: 11 dez. 2011.*

A Pangea, ou supercontinente, aparece uniforme na primeira imagem da Figura 4.1, mas sua divisão em dois grandes blocos continentais fica evidente já na segunda, quando a Laurásia começa a se destacar ao norte e a Gondwana ao sul. Nas imagens seguintes a divisão se acentua até chegar à formação atual dos continentes na última delas.

O movimento dos continentes, assim como as sutis mudanças pelas quais passa o relevo, não é percebido. Uma vida é pouco para se perceber a ocorrência do fenômeno; por essa razão, quando questionados a respeito desse assunto a surpresa é geral, embora alguns alunos sempre afirmem já terem "ouvido falar" que os continentes se movem.

Esse fenômeno ocorre porque no limite inferior da litosfera existe uma zona chamada de astenosfera na qual as rochas são menos rígidas. A presença da astenosfera, plástica, entre a litosfera e a mesosfera, que são rígidas, explica a existência de um sistema instável, ou seja, a movimentação das placas tectônicas. (Cf. SALGADO-LABOURIAU, 1994). Estas, por sua vez, correspondem a enormes placas rígidas e descontínuas que fazem parte da litosfera. Por estarem sobre placas que se movimentam, os continentes também são móveis. Acredita-se que os movimentos das placas tectônicas são provocados pela pressão do magma, que força as placas "empurrando-as", provocando também tremores na superfície.

Astenosfera: trata-se de uma camada mais viscosa, com espessura média de 250 km, localizada entre o limite inferior da litosfera e outra camada denominada mesosfera. (SALGADO-LABOURIAU, 1994; TEIXEIRA et al., 2001).

> **Limites divergentes:** limites que distinguem o limite existente entre duas placas tectônicas que se afastam.
>
> **Limites convergentes:** áreas que caracterizam o limite das placas tectônicas que se chocam.
>
> **Zona de subducção:** zona que decorre dos choques de duas placas tectônicas quando uma é empurrada para o manto, sendo absorvida por este.
>
> **Limites transformantes:** ocorrem quando uma placa desliza adjacente a outra sem provocar alterações na litosfera.

As placas podem ter limites divergentes, que resultam na expansão da litosfera por meio da ressurgência do magma, como ocorre na Dorsal do Atlântico; limites convergentes, que resultam em uma zona de subducção se ambas as placas forem oceânicas. No caso de as placas serem uma oceânica e outra continental, resultarão em uma zona de subducção no mar e soerguimento do relevo no continente, como ocorre no encontro das placas de Nazca (oceânica) e da América do Sul (continental) que originaram a Cordilheira dos Andes. O soerguimento do relevo também acontece quando há o choque entre duas placas continentais. Por último, há também os chamados limites transformantes, como no caso da falha de San Andrés na América do Norte (Ibid., 1994).

A SUPERFÍCIE

Compreender o funcionamento dos mecanismos naturais da Terra, como sabemos, é essencial para a consolidação de um espaço em que a sociedade possa se desenvolver melhor, em harmonia com a natureza. Não é demais lembrar que, em geografia, o estudo da natureza se dá em função da sociedade. Logo, na escola, do ponto de vista pedagógico, é fundamental a construção do conhecimento pelos alunos, no que se refere à formação da superfície da qual se extraem inúmeras riquezas naturais, essenciais para a cadeia produtiva, em que se organiza o espaço e se desenvolve a vida.

O desafio de ensinar a geografia física está em provocar nossos alunos a compreender os fenômenos naturais e, para isso, nada melhor que usar o "laboratório" do geógrafo, que é o espaço. Não há dúvida de que a construção do conhecimento depende também das discussões em sala de aula, mas vemos como imprescindível a saída a campo como forma de ir além dos importantes, mas limitados, recursos disponíveis na escola. É o professor, no entanto, que tem a liberdade e também a responsabilidade na escolha do método e dos conteúdos para alcançar as finalidades propostas, já que são inúmeros os recursos didáticos que podem motivar os alunos nesses estudos.

Desse modo, para o estudo da superfície terrestre, havendo possibilidade, sugerimos atividades extraclasses, pois, com elas, os alunos poderão vivenciar uma experiência nova e a aprendizagem poderá ganhar um novo sentido. À medida que descobrirem as dinâmicas que envolvem a formação do relevo, estarão também em condições de compreender e associar essas dinâmicas a outros fenômenos naturais, como as diferentes paisagens vege-

Capítulo 4 O relevo terrestre 93

tais, os regimes de chuvas e a temperatura, entre outros, aprofundando o conhecimento adquirido.

O relevo, que corresponde ao conjunto das formas da superfície terrestre, pode, genericamente, ser dividido em três formações principais:

- Os escudos ou plataformas que correspondem às rochas continentais consolidadas não mais sujeitas a deformações orogenéticas. Nelas, a ação dos processos exógenos é predominante, pois se encontram já esculpidas por agentes como a chuva e o vento. São, em geral, regiões muito antigas, nas quais predomina o processo de erosão do terreno.

- As bacias sedimentares que compreendem regiões que, ao longo do tempo geológico, foram preenchidas por sedimentos trazidos de partes mais elevadas do relevo. Em geral, não superam 300 metros de altitude.

Entretanto, no Era Cenozoica, na América do Sul, ocorreram movimentos epirogenéticos que provocaram substanciais modificações nas características das bacias sedimentares. Ao descrever as transformações ocorridas no território onde hoje é o Brasil e que passou por tais modificações, Ross (2001, p. 51) afirma:

> *Esse soerguimento atingiu o território brasileiro de modo desigual, sendo que algumas áreas foram mais levantadas e outras bem menos. Esse processo, associado à tectônica de placas, soergueu tanto as áreas dos crátons como os antigos cinturões orogênicos e as bacias sedimentares. Foi por meio da epirogênese terciária que as bacias sedimentares ficaram em níveis altimétricos elevados e surgiram as escarpas da Serra do Mar e da Mantiqueira por falhamentos. A partir desse processo tectônico desencadeou-se um prolongado e generalizado desgaste erosivo que atuou sobre as bordas das bacias sedimentares, originando as depressões periféricas. Desse modo, **parte dos terrenos sedimentares ficaram em posições mais elevadas do que os terrenos cristalinos das áreas cratônicas ou de escudos.** Ao mesmo tempo, esse processo evidenciou as áreas serranas dos cinturões orogênicos. (grifo nosso).*

- Os dobramentos modernos ou cadeias orogênicas, que correspondem às grandes montanhas e que podem aparecer sob a forma de cadeias formadas mais recentemente. Destaques para a Cordilheira dos Andes, a mais extensa, que possui mais de 8 mil km de extensão, e para a Cordilheira

Epirogenéticos: movimentos que se caracterizam pela elevação ou descida de amplas áreas da crosta terrestre, e que ocorrem por meio de movimentos verticais lentos. Diferentemente dos movimentos orogenéticos que normalmente abrangem áreas menores e são mais intensos, como ocorreu na costa do Pacífico, dando origem à Cordilheira dos Andes. (Cf. GUERRA; GUERRA, 2009).

Crátons: grandes extensões continentais que não passaram por significativas deformações ao longo do tempo geológico desde cerca de 570 milhões de anos no Cambriano inferior. Os crátons podem ser subdivididos em duas grandes áreas: uma central, bastante estável, e uma plataforma marginal, formada por rochas sedimentares, que sofreram pequena movimentação. (Cf. GUERRA; GUERRA, 2009).

Aerofotogrametria
Aerofotogrametria: técnica usada para realizar medições precisas do terreno e obter seu mapeamento topográfico. Nessa técnica, utilizando-se um avião equipado com câmeras fotográficas, são obtidos os registros detalhados da área a ser mapeada.

Aziz Nacib Ab'Sáber (1924-2012): geógrafo, professor titular aposentado do Departamento de Geografia da Faculdade de Filosofia, Letras e Ciências Humanas da Universidade de São Paulo, e professor honorário do Instituto de Estudos Avançados também da USP. Profundo conhecedor do território brasileiro, foi um dos maiores geógrafos do País, além de especialista em questões ambientais. Seu trabalho é nacional e internacionalmente reconhecido.

Morfoclimático: termo relativo à associação das formas da superfície aos elementos do clima, sem desconsiderar, no entanto, aspectos botânicos, fitogeográficos, pedológicos e hidrológicos. (Cf. AB'SÁBER, 2003).

---

do Himalaia, a mais elevada, onde muitos dos picos que lá se encontram ultrapassam os 8 mil metros de altitude.

Em relação ao relevo, em especial o do Brasil, é importante lembrar que, em meados de 1995, foi divulgada uma novidade a respeito de suas formas. Resultante de pesquisas do Projeto Radam-Brasil que utilizaram aerofotogrametria, uma equipe liderada pelo professor Jurandyr Ross, da Universidade de São Paulo, publicou uma nova leitura do relevo do País. Essa versão chegou às escolas com mapas coloridos e repletos de detalhes das unidades do relevo identificadas pela técnica utilizada. De acordo com o novo mapa, o território brasileiro passou a contar com 28 unidades distintas no relevo, sendo 11 de planaltos, 11 de depressões e seis de planícies; a riqueza de detalhes resultantes de um trabalho minucioso e rico, não substituiu, no entanto, a clássica forma de ler o relevo do País, publicada três décadas antes pelo também professor da USP Aziz Ab'Sáber, que apresentava essencialmente apenas seis unidades denominadas domínios morfoclimáticos, além das faixas de transição.

O novo mapa do relevo do Brasil organizado por Ross complementou o estudo *in loco* realizado por Ab'Sáber, o que, sem dúvida, enriqueceu o conhecimento geográfico do tema.

Os PCN de geografia (1998, p. 63) sugerem uma série de itens que podem servir de ponto de partida para trabalhar, na escola, temas relacionados à geografia física, especificamente do relevo e fenômenos relacionados, entre os quais destacamos os seguintes:

- Planeta Terra: a nave em que viajamos.
- Como o relevo se forma: os diferentes tipos de relevo.
- Litosfera e os movimentos tectônicos: existem terremotos no Brasil?
- As formas do relevo, os solos e sua ocupação urbana e rural.

4.2. TRABALHANDO O TEMA COM OS ALUNOS

Como dissemos anteriormente, o laboratório do geógrafo é o espaço. Ele está lá à disposição. Por isso, efetue saídas com os alunos a lugares específicos, como parques municipais, estaduais ou nacionais, reservas ecológicas e outras áreas de preservação que recebam escolas, a fim de realizar pesquisas, analisar as formas da superfície, discutir sua formação etc. Os trabalhos de campo são uma boa opção para o estudo do relevo, pois, com eles, os assuntos discutidos poderão ganhar muito mais sentido para os alunos. É possível realizar saídas com uma boa organização, ainda que alguns desses locais fiquem um pouco mais distantes.

Essas atividades se tornam eventos na escola, sobretudo para os alunos. E, claro, devem ser entendidas, por nós professores, como algo inédito para muitos deles, assim, além da preparação e organização do estudo para tal fim, a possibilidade de se ter lazer e descontração deve ser prevista e entrar no roteiro estabelecido. Isso poderá fazer da atividade algo ainda mais atrativo para eles, unindo descontração e aprendizado em um ambiente novo para a realização do estudo.

a. Atividade 1: Saída a campo: analisando e descrevendo o relevo.

Trata-se de uma atividade que visa à observação, *in loco*, do relevo pelos alunos. A proposta consiste em sair com a turma, com uma agenda previamente organizada e com o objetivo de realizar um estudo do meio. O preparo da atividade é muito importante, os alunos devem sair a campo tendo as noções elementares do que é o relevo, como ele se apresenta em diversas partes do Brasil e do mundo, enfim, um conhecimento que permita a eles a compreensão básica do fenômeno, a fim de que a saída não seja apenas um "passeio". O preparo, portanto, deve ocorrer durante as aulas.

b. Objetivos: Compreender a importância e os efeitos de fenômenos geológicos (endógenos) e de fenômenos atmosféricos (exógenos) na formação do relevo; analisar e reconhecer as formas do relevo, ainda que em uma área restrita de observação.

c. Desenvolvimento:

Módulo 1: Preferencialmente organizados em grupos, leve os alunos a perceber como se apresenta o relevo da região visitada, se há ou não elevações próximas como morros, se é o caso de um planalto com formações específicas etc. Havendo partes mais baixas, observem se, por elas, passam córregos ou rios, se se trata de uma de uma planície etc. Discuta com eles as prováveis causas da(s) formação(ões) em questão e como as aspectos visíveis no terreno podem demorar milhões de anos para se formar e que, por essa razão, a nossos olhos (apenas) parecem imutáveis. Fale sobre a importância que o relevo possui para a sociedade e da necessidade de alteração de sua forma original para facilitar construções.

Faça perguntas sobre o que acabaram de observar e como perceberam o fenômeno. Se houver ocupação humana local, discuta com eles como ela ocorre. Proponha uma roda de discussão. Questões como as seguintes podem nortear as discussões: quais são as principais características da região observada? De que maneira suas formas influenciam sua ocupação? Quais as evidências de que os fatores exógenos, por exemplo, atuam sobre o terreno? O que significou a visita?

Os grupos devem registrar imagens fotográficas ou realizar filmagens.

Módulo 2: Com os registros realizados, os grupos deverão fazer uma releitura do que puderam observar e gravar. A ideia é que, da experiência vivida, confeccionem trabalhos artísticos por meio de pinturas, exposição de fotos, vídeos ou mesmo maquetes que representem a região visitada. Prepare com eles uma apresentação dos trabalhos na escola.

d. Avaliação: Para finalizar, peça que redijam um texto em que descrevam os aspectos mais marcantes do estudo do meio. Como sugestão, eles poderão analisar a relação relevo-ocupação humana local; aspectos específicos do terreno, caracterização da fauna e flora, entre outros.

a. Atividade 2: O relevo e a ocupação humana.

> **ATENÇÃO**
>
> *Embora o relevo seja o principal componente da análise, devem-se levar em conta outros importantes aspectos que ajudarão a explicar a relação humana com o espaço estudado. Nesse caso, a utilização do conceito de domínios morfoclimáticos torna-se adequada à realização da pesquisa.*

A ideia é a realização de uma pesquisa que relacione as formas da superfície e suas características com a presença humana. Pretende-se mostrar também que o relevo corresponde ao substrato onde a vida acontece e que tem relação direta com a cultura e organização dos povos.

b. Objetivos: Analisar diferentes formas do relevo terrestre e como se dá sua ocupação; verificar como as sociedades se relacionam com as variadas formas da superfície e da paisagem natural em diversas partes do mundo.

c. Desenvolvimento:

Módulo 1: Trata-se de um trabalho de pesquisa propriamente dito. Para a sua realização, divida a turma em grupos de trabalho. Cada um dos grupos deverá ficar responsável pela análise da ocupação do relevo em alguma parte do planeta. O professor deve indicar regiões distintas a cada grupo como, por exemplo, as elevadas altitudes, as regiões áridas e as grandes planícies, entre outras.

Algumas perguntas, como as apresentadas a seguir, ajudarão a caracterizar culturas locais e a orientar a realização dos trabalhos: em relação ao relevo, como são suas formas e altitudes? Quando e como se originaram? Além do relevo, como se apresentam clima, hidrografia, solo etc.? Como são as sociedades que lá vivem? Por que ocupam aquela região? Qual é o tipo de atividade econômica predominante?

Módulo 2: Com datas marcadas previamente, os grupos deverão apresentar o resultado de suas pesquisas, o que poderá ocorrer na forma de seminários e posteriores debates sobre os diversos lugares estudados. Questione os alunos a respeito de aspectos que envolveram as pesquisas realizadas. Peça que os demais grupos também apresentem questionamentos. São inúmeras as questões que poderão ser debatidas e respondidas, e, ao final, espera-se que os alunos tenham uma significativa compreensão dos aspectos fundamentais do relevo terrestre e sua relação com a sociedade humana.

d. Avaliação: Avalie as pesquisas realizadas quanto a conteúdos apresentados; quantidade e qualidade das informações que contêm; participações dos alunos de cada grupo e nível de conhecimento apresentado sobre o que se propuseram a realizar. Explique os critérios avaliativos para que possam entender bem os porquês dos resultados.

a. Atividade 3: Placas tectônicas e seus efeitos.

b. Objetivos: conhecer as placas tectônicas e seus efeitos sobre a superfície da Terra; aprofundar os conhecimentos relativos à história natural da Terra.

c. Desenvolvimento:

Módulo 1: Em aula, trabalhe a teoria da Tectônica de Placas com os alunos. Com um planisfério, demonstre a existência das placas e apresente exemplos de seus efeitos na superfície. Peça aos alunos que, individualmente, busquem mais informações sobre esse fenômeno em fontes diversas, como livros, revistas e Internet. Essa atividade servirá como preparação para que desenvolvam uma pesquisa sobre as placas tectônicas.

Módulo 2: Com base nas discussões de aula sobre o tema, e, agora, organizados em grupos, os alunos pesquisarão sobre as placas tectônicas. Cada grupo ficará responsável por uma ou mais placas com o objetivo de revelar como ela(s) atua(m), como são seus movimentos e quais os efeitos que provoca(m) na superfície.

Algumas questões deverão ser respondidas: As placas tectônicas foram responsáveis pela ocorrência de terremotos e/ou maremotos? Quais foram as consequências? Por que algumas regiões do planeta são mais suscetíveis que outras à ocorrência desses fenômenos?

Solicite que sistematizem a pesquisa em um trabalho a ser apresentado à turma. Indique o uso de mapas, reportagens, filmes e/ou documentários que poderão ser bastante úteis nas apresentações.

Módulo 3: Aproveite a apresentação dos trabalhos, para promover uma ampla discussão a respeito desses fenômenos, de modo que os alunos sejam levados a compreender a dinâmica que envolve a teoria da Tectônica de Placas.

d. Avaliação: Analise as pesquisas quanto aos conteúdos apresentados; quantidade e qualidade das informações que contêm; participação dos alunos de cada grupo e nível de conhecimento apresentado sobre o tema.

4.3. PARA FINALIZAR

A natureza possui leis e mecanismos que regulam seu funcionamento e são objetos de intensas pesquisas que ajudam o homem a compreendê-la. Na escola, para entender bem essas leis e mecanismos, um estudo pode partir de problematizações da realidade atual, envolvendo também o cotidiano dos alunos. Embora apenas aparentemente não exista relação entre os diferentes fenômenos naturais, um olhar mais apurado perceberá claramente como o relevo, o clima e a vegetação interagem. Por essa razão, um dos desafios do professor é mostrar aos alunos que não há fragmentação desses fenômenos.

Desse modo, ao estudar o relevo e todos os aspectos que o envolvem, o professor deve deixar claro aos alunos a existência dessa profunda interação, sem, no entanto, deixar de lado a especificidade de temas necessários à compreensão de determinados fenômenos da natureza.

4.4. SUGESTÕES DE LEITURA

AB'SÁBER, Aziz. **Brasil**: paisagens de exceção – o litoral e o pantanal mato-grossense: patrimônios básicos. São Paulo: Ateliê Editorial, 2006.

_____. **Escritos ecológicos**. 2. ed. rev. ampl. São Paulo: Lazuli, 2006.

_____. **Os domínios de natureza no Brasil**: potencialidades paisagísticas. São Paulo: Ateliê Editorial, 2003.

_____. Bases conceptuais e papel do conhecimento na previsão de impactos. In: MÜLLER-PLANTENBERG, Clarita; AB'SÁBER, Aziz (Orgs.). **Previsão de impactos**. 2. ed. São Paulo: Edusp, 2002.

BRASIL. SECRETARIA DE EDUCAÇÃO FUNDAMENTAL. **Parâmetros Curriculares Nacionais**: geografia. Brasília: MEC/SEF, 1998.

CUNHA, Sandra B. da; GUERRA, Antonio José T. Degradação ambiental. In: GUERRA, Antonio José T.; CUNHA, Sandra B. da (Orgs.). **Geomorfologia e meio ambiente**. 2. ed. Rio de Janeiro: Bertrand Brasil, 1998.

MENDONÇA, Francisco. **Geografia física**: ciência humana? 7. ed. São Paulo: Contexto, 2001.

ROSS, Jurandyr L. S. **Geomorfologia**: ambiente e planejamento. 2. ed. São Paulo: Contexto, 2008.

_____. Relevo brasileiro: planaltos, planícies e depressões. In: CARLOS, Ana F. (Org.). **Novos caminhos da geografia**. São Paulo: Contexto, 2002.

_____. Os fundamentos da geografia da natureza. In: _____. (Org.). **Geografia do Brasil**. 4. ed. São Paulo: Edusp, 2001.

4.5. BIBLIOGRAFIA

AB'SÁBER. **Os domínios de natureza no Brasil**: potencialidades paisagísticas. São Paulo: Ateliê Editorial, 2003.

AYOADE, J. O. **Introdução à climatologia dos trópicos**. 6. ed. Rio de Janeiro: Bertrand Brasil, 2001.

BRASIL. SECRETARIA DE EDUCAÇÃO FUNDAMENTAL. **Parâmetros Curriculares Nacionais**: geografia. Brasília: MEC/SEF, 1998.

CHRISTOFOLETTI, Antonio. **Geomorfologia**. 2. ed. São Paulo: Edgard Blucher, 1980.

DASHEFSKY, H. Steven. **Dicionário de ciência ambiental**: um guia de A a Z. 3. ed. São Paulo: Gaia, 2003.

.GUERRA, Antônio T.; GUERRA, Antonio José T. **Novo Dicionário geológico-geomorfológico**. 7. ed. Rio de Janeiro: Bertrand Brasil, 2009.

GUERRA, Antonio José T.; CUNHA, Sandra B. da (Orgs.). **Geomorfologia**: uma atualização de bases e conceitos. 7. ed. Rio de Janeiro: Bertrand Brasil, 2007.

_____. **Geomorfologia e meio ambiente**. 2. ed. Rio de Janeiro: Bertrand Brasil, 1998.

LEINZ, Viktor; AMARAL, Sérgio E. do. **Geologia geral**. 13. ed. São Paulo: Companhia Editora Nacional, 1998.

MOURÃO, Ronaldo R. de F. **Dicionário enciclopédico de astronomia e astronáutica**. 2. ed. Rio de Janeiro: Nova Fronteira, 1995.

ROSS, Jurandyr L. S. **Geomorfologia**: ambiente e planejamento. 2. ed. São Paulo: Contexto, 2008.

_____. **Relevo brasileiro**: planaltos, planícies e depressões. In: CARLOS, Ana F. (Org.). Novos caminhos da geografia. São Paulo: Contexto, 2002.

_____. Os fundamentos da geografia da natureza. In: _____. (Org.). **Geografia do Brasil**. 4. ed. São Paulo: Edusp, 2001.

SALGADO-LABOURIAU, Maria Léa. **História ecológica da Terra**. 2. ed. São Paulo: Edgard Blucher, 1994.

TEIXEIRA, Wilson et al. (Orgs.). **Decifrando a Terra**. São Paulo: Oficina de Textos, 2001.

TERRAGIRA. Da deriva continental à tectónica das placas. Disponível em: <http://terragiratg.blogspot.com/search/label/TECT%C3%93NICA%20DE%20PLACAS%20-%20DERIVA%20CONTINENTAL>. Acesso em: 11 dez. 2011.

5

O clima terrestre

O clima, assunto deste capítulo, é um fenômeno natural que está relacionado a acontecimentos como secas, enchentes, elevação da temperatura etc. Não é mais, há muito tempo, preocupação apenas de especialistas; ao contrário, tornou-se um tema recorrente, de intensa preocupação internacional, que chega a todos por meio da mídia com informações das condições meteorológicas e análises a respeito das mudanças climáticas, da poluição atmosférica, do chamado aquecimento global, entre outros fatores.

Do ponto de vista do ensino, o clima tem grande relevância, por se tratar de um dos fenômenos mais importantes entre o conjunto de temas que fazem parte da geografia escolar. Nesse sentido, contribui para que os alunos compreendam aspectos reguladores da natureza a partir de seu estudo. Conforme afirmam os PCN de geografia (1998, p. 61):

À medida que o aluno compreende as leis que regulam a dinâmica do tempo atmosférico, a sucessão das estações do ano e dos climas, estará, também, em condições de compreender suas relações com as diferentes paisagens vegetais e a zonalidade dos tipos de solos, assim como a organização das bacias hidrográficas e o regime de seus rios.

A geografia, que visa descrever e explicar o espaço, deve considerar o tempo e o clima como elementos fundamentais na discussão de seu objeto. A presença dos fenômenos atmosféricos na análise geográfica é importante também porque está relacionada diretamente com o desenrolar da vida e do ritmo que a ela é imposto. No meio urbano, por exemplo, a chuva pode ser vista como um problema, já que a impermeabilização do solo contribui para a ocorrência de enchentes; por outro lado, em outras áreas das cidades que normalmente são mais desprovidas de serviços básicos, é justamente a falta de calçamento que pode gerar transtornos à população local, tanto em períodos chuvosos como em períodos de secas. Assim, a variação climática interfere diretamente na organização e no funcionamento da sociedade, em todos os lugares do planeta.

Desse modo, a abordagem dos fenômenos relacionados ao clima se torna fundamental ao ensino da disciplina geográfica pelos motivos já citados, mas, sobretudo, porque permite também uma discussão que parta da realidade cotidiana dos alunos.

Durante muito tempo, o clima terrestre não foi objeto de preocupação da humanidade. Todavia, pode-se reparar que, nas últimas décadas, desde meados do século passado, isso mudou, pois, sempre que se aborda a questão climática, torna-se imperativo falar também dos problemas que estão ocorrendo na atmosfera do planeta, e que, para muitos cientistas, ativistas e pessoas em geral, precisam ser urgentemente resolvidos. Assim pode ser também nas aulas de geografia. Ao se abordar a dinâmica climática, torna-se imprescindível analisar os diversos problemas que afetam o tempo e o clima no mundo e que estão relacionados principalmente à excessiva poluição do ar.

Para a construção do conhecimento geográfico, é importante conhecer a duração, a intensidade, a variabilidade dos principais elementos componentes do clima, entre os quais está o tempo.

Por tempo entendemos a sucessão habitual de um estado da atmosfera, ou seja, o tempo é um estado transitório relacionado à nebulosidade, temperatura, umidade relativa do ar etc. Na prática, isso significa que se o tempo, em um determinado período, em uma região qualquer, tiver chuva predominante, será uma condição apenas momentânea, podendo durar alguns minutos, horas ou, no máximo, alguns dias. Depois da chuva virá o Sol, a temperatura poderá subir e depois cair novamente, e poderá voltar a chover. São essas sucessões, definidas pelas condições dadas pela natureza, que vão definir o clima de uma região.

Certamente, nossos alunos já perceberam, no dia a dia, o que essa tradicional descrição relata; o que talvez não saibam, até que a aula de geografia trate do tema, é que tudo isso que se sente e se vê é parte de um complexo sistema de fenômenos atmosféricos que resultam no clima da região em que se vive.

Dizer aos alunos que o Brasil está localizado majoritariamente em uma região da Terra na qual o clima predominante é o tropical pode, em princípio, não significar muita coisa além de que o País se localiza entre os trópicos. Mas dizer que o clima tropical é aquele em que a maioria dos dias do ano faz calor, com temperaturas médias superiores a 20 °C (Cf. AYOADE, 2001), provavelmente os faça ver os fenômenos atmosféricos com outro olhar, levando-os a pensar sobre o comportamento diário das pessoas ao tomar decisões como que roupa usar ao sair de casa, se deve-se ou não levar guarda-chuva etc.

Ao estudar o clima no globo, percebemos as expressivas diferenças de temperatura existentes. Essas diferenças estão relacionadas, como se sabe, a vários fatores, como latitude, altitude, massas de ar, correntes marítimas etc., além, é claro, da insolação.

> **ATENÇÃO**
>
> *Vale ressaltar que, em determinadas regiões, a variação do tempo pode ser mais lenta, permanecendo sem grandes alterações por períodos mais longos. Em algumas regiões, isso ocorre em virtude de outros fatores constituintes do clima; em outras, em decorrência de fenômenos provocados pelo homem e, em outras ainda, em virtude de certas particularidades sazonais.*

5.1. FATORES DO CLIMA

A partir desse ponto, a tarefa que propomos é de, em aula, discutir os principais determinantes do clima.

Esse método é necessário para que os alunos possam compreender os porquês que envolvem o funcionamento da dinâmica climática que possivelmente influenciam parte da vida deles ou de pessoas próximas, como familiares ou amigos. Compreender fenômenos como a seca que provoca deslocamentos populacionais significativos no Brasil e no mundo é um entre vários exemplos que podem ser objeto de estudo envolvendo o tema e que, por sua vez, desencadeiam outros fenômenos sociais.

Latitude

No globo, latitude corresponde à distância medida em graus a partir da linha do Equador que possui latitude 0°; conforme nos afastamos para o norte ou para o sul, a latitude aumenta até o limite de 90°. Em virtude do fato de os raios solares chegarem às altas latitudes de forma muito oblíqua, cidades e países localizados nessas regiões são, geralmente, mais frios no inverno e possuem estações do ano mais bem definidas que os localizados em baixas latitudes. Mas, para os alunos entenderem isso tudo, é necessária a utilização de mapas e globos que permitam estudar, entre outros aspectos, a inclinação da Terra. A cidade de Natal, no Rio Grande do Norte (baixa latitude), está localizada a 5° 47' de latitude sul. Na capital potiguar, a temperatura média gira em torno dos 27,3 °C no mês de janeiro e 24,6 °C no mês de julho. Em contrapartida, Toronto, no Canadá (alta latitude), com 43° 40' de latitude norte, apresenta temperatura média em torno de -4,5 °C em janeiro e 22,1 °C julho. Esse exemplo deixa clara a diferença de amplitude térmica existente nas duas cidades. Em Natal ela quase não existe diferença entre o verão e o inverno, pois a variação é de apenas 2,7 °C, em média; já em Toronto a amplitude é bem maior, chegando a 26,6 °C!

Localização de Natal e de Toronto

> **ATENÇÃO**
> Dados obtidos em: TEMPO Agora. Disponível em: <http://www.tempoagora.com.br/previsaodotempo.html/brasil/climatologia/Natal-RN/>. Acesso em: 30 jul. 2011.

> **ATENÇÃO**
> Dados obtidos em: NATIONAL Climate Data and.Information Archive. Disponível em: <http://climate.weatheroffice.gc.ca/climate_normals/results_1961_1990_e.html?stnID=1006&prov=ON&lang=e&StationName=TORONTO&SearchType=Contains&province=ALL&provBut=&month1=0&month2=12>. Acesso em: 30 jul. 2011.

Amplitude térmica: diferença entre a temperatura máxima e a mínima de um lugar, registradas em um determinado período de tempo.

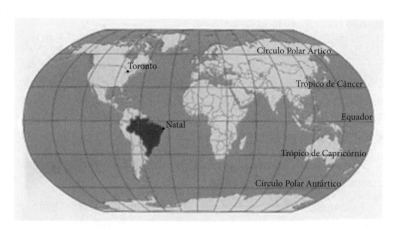

Figura 5.1 – *Localização de Natal e de Toronto. Fonte: Adaptado do Atlas Geográfico Escolar/IBGE, p. 24.*

As características climáticas dessas cidades conferem "vocações" bastante diferentes a elas, já que Toronto apresenta estações bem definidas e, em Natal, elas são quase imperceptíveis. A relação de seus respectivos habitantes com o ambiente, obviamente, será também bastante distinta.

Altitude

Além da latitude, a altitude também é importante fator para se analisar e compreender a dinâmica climática e as características da temperatura.

Nas altas montanhas, a condição climática não está relacionada necessariamente à latitude, pois é a altitude do relevo que determina suas características principais. A Cordilheira dos Andes, por exemplo, é uma cadeia montanhosa que atravessa a faixa tropical da Terra, mas não deixa de ter neves eternas nos mais altos picos. Além de serem muito mais frios, os cumes montanhosos são, até certa altitude, também mais úmidos. A ação dos ventos é um importante fator para a definição do clima nesses locais, em que o ar menos denso é facilmente dissipado.

Sobre o clima de montanhas ou de terras altas, Mendonça e Danni-Oliveira afirmam que

As zonas de grandes altitudes das cadeias montanhosas do mundo dão origem a tipos climáticos particulares que apresentam, em comum, temperaturas baixas devido ao resfriamento adiabático. Todavia, subtipos particulares podem se formar quando se leva em consideração a maior proximidade das massas oceânicas, o que reflete de maneira direta no comportamento da temperatura e da umidade desse tipo climático. Até uma altitude aproximada de 3.000 a 5.000 metros, a precipitação é elevada, para, então, diminuir acima dessa cota. A queda de neve e a nebulosidade também aumentam com a altitude. Nas áreas tropicais, os climas de terras altas apresentam, genericamente, amplitude térmica diurna maior que a anual.

Os climas de terras altas formam-se sobre as cadeias montanhosas e as terras altas das latitudes baixa e média. Alguns exemplos são os Andes (América do Sul), Montanhas Rochosas e Sierra Nevada (América do Norte), os Alpes (Europa) e o Himalaia (Ásia) (2007, p. 137-138).

Correntes marítimas

As correntes marítimas também são determinantes na definição climática de uma região. Elas correspondem às porções de água do mar que possuem temperatura, salinidade e/ou densidade diferentes do conjunto, formando verdadeiros corredores d'água no oceano. Um exemplo clássico de influência de uma corrente sobre o clima é o da correte do Golfo. Originária do Golfo do México, ela se desloca por meio do Oceano Atlântico em sentido nordeste, alcançando o litoral da Noruega, um país que, como se sabe, está localizado em altas latitudes e possui invernos bem rigorosos. No entanto, a ação da corrente do Golfo influencia na formação do clima norueguês que, na faixa litorânea, além de mais ameno é também bastante úmido. Trata-se do clima temperado oceânico. Sem essa corrente marítima, a vida dos noruegueses seria um pouco mais congelante, digamos assim. Do mesmo modo, também há correntes marítimas frias, entre as quais, uma muito importante que atua na costa sul americana do Oceano Pacífico é a corrente de Humboldt. Proveniente do extremo sul, próximo à Antártica, influencia a temperatura e a umidade nas costas chilena e peruana.

> **ATENÇÃO**
>
> A pressão exercida pela atmosfera sobre a superfície da Terra é resultante do peso que o ar possui e variável de acordo com a altitude, ou seja, quanto maior a altitude, menor a pressão. Esse fenômeno, responsável pela formação dos ventos que normalmente se deslocam da zona anticiclonal (alta pressão) para a zona ciclonal (baixa pressão), é também um dos responsáveis pelas condições do tempo atmosférico de um determinado lugar.

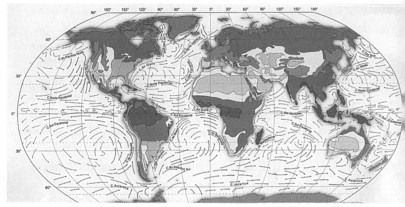

Figura 5.2 – Correntes marítimas. Fonte: Adaptado do Atlas Geográfico Escolar/IBGE, p. 58.

Massas de ar

Ainda entre os determinantes climáticos mais importantes, há as massas de ar atmosférico. Esse fenômeno pode ser definido como grandes porções de ar com características próprias como temperatura, pressão e umidade, que normalmente, após se deslocarem da região onde se originaram, influenciam nas condições do tempo e, consequentemente, na formação do clima em uma determinada região em que atuam. Suas características podem variar bastante, como, por exemplo, no caso das massas de ar quente originadas em regiões continentais, que tendem a ser menos úmidas que aquelas originadas em regiões oceânicas. Ou ainda, como ocorre no Brasil, as frentes frias, originárias das altas latitudes ao sul do planeta que provocam queda de temperatura e também a ocorrência de precipitação, principalmente no sul e no sudeste do País. "A frente ártica/antártica é ativa, sobretudo no inverno e corresponde ao contato das massas de ar global ártica/antártica (formadas sobre as zonas cobertas de gelo) e das massas de ar polares (relativamente menos frias), provenientes dos oceanos". (MENDONÇA e DANNI-OLIVEIRA, 2007, p. 103).

Frente: denominação genérica de uma zona ou superfície de descontinuidade (térmica, anemométrica, barométrica, higrométrica etc.) produzida no interior da atmosfera, em decorrência do encontro de duas massas de ar de características diferentes. Essa superfície de descontinuidade ou de transição é estreita e inclinada, sendo que, nela, os elementos climáticos apresentam variação abrupta. Denomina-se frontogênese, o processo de origem das frentes, e frontólise sua dissipação. (Cf. MENDONÇA e DANNI-OLIVEIRA, 2007).

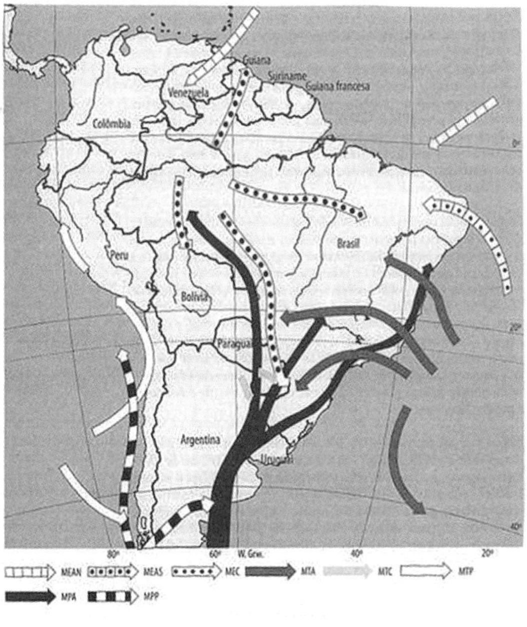

Figura 5. 3 – Atuação das massas de ar no Brasil. Fonte: adaptado de Mendonça e Danni-Oliveira (2007, p. 109).

O grande desafio ao ensinar a dinâmica climática aos alunos é o de estabelecer a conexão do cotidiano – do vivido e sentido, que exige condutas e atitudes das pessoas frente ao tempo – com todos os fatores que interferem na formação do clima. O resultado do que se ensina e se aprende em relação a conteúdos como "latitude", "correntes marítimas", "massas de ar" etc., entre outros,

Contextualização: referente ao conteúdo que se quer aprendido, significa, em primeiro lugar, admitir que todo conhecimento envolve uma relação entre sujeito e objeto. Na escola fundamental ou média, o conhecimento é quase sempre reproduzido das situações originais nas quais acontece sua produção. Assim, quase sempre o conhecimento escolar se vale de uma transposição didática, na qual a linguagem exerce papel decisivo. O tratamento contextualizado do conhecimento é o recurso que a escola tem para retirar o aluno da condição de espectador passivo. Se bem trabalhado permite que, ao longo da transposição didática, o conteúdo do ensino provoque aprendizagens significativas que mobilizem o aluno e estabeleçam entre ele e o objetivo do conhecimento uma relação de reciprocidade. A contextualização evoca por isso áreas, âmbitos ou dimensões presentes na vida pessoal, social e cultural, e mobiliza competências cognitivas já adquiridas. (PCN do ensino médio, 1999).

ATENÇÃO

A respeito das mudanças climáticas o documentário Uma verdade inconveniente *(An inconvenient truth), uma produção norte-americana de 2006, com direção de Davis Guggenheim e participação de Al Gore, ex-vice-presidente dos Estados Unidos, é uma boa opção para ver e debater o tema com os alunos.*

---

vai depender dos saberes prévios dos alunos, das análises e contextualizações que devem ser feitas em relação ao que é ensinado e da interdisciplinaridade que o tema em questão possibilita.

5.2. ALTERAÇÕES CLIMÁTICAS

Embora a dinâmica climática da Terra seja complexa e obedeça a critérios naturais de funcionamento, ela vem sofrendo expressivas alterações causadas pelo homem. A poluição atmosférica tem sido uma das grandes preocupações do presente em relação ao futuro do planeta e, portanto, da humanidade. Com a Revolução Industrial ocorrida no final do século XVIII, os níveis de poluição aumentaram por meio da queima de combustíveis de origem fóssil, e, desde então, a grande escala produtiva contribui com a emissão de milhões de toneladas de gás carbônico (CO_2) na atmosfera.

A elevação da incidência de CO_2 na atmosfera estaria provocando mudanças sutis na temperatura por meio de uma elevação constante. Os efeitos, entre outros, já se sabem bem: o derretimento do gelo terrestre nas regiões polares e em geleiras localizadas a altas latitudes e altitudes, podendo aumentar o nível dos oceanos, embora não haja consenso entre os pesquisadores quanto ao fato de tal efeito estar realmente acontecendo (vide Capítulo 3).

Em áreas específicas, como nas cidades, o nível de poluição atmosférica é tão grande que surgiu o chamado microclima urbano.

Outro problema atmosférico que se tornou objeto de grande preocupação internacional foi a descoberta, em meados dos anos 1980, de um "buraco" na camada de ozônio sobre o continente Antártico. Estudos revelaram que gases lançados na atmosfera estavam provocando a depauperação do ozônio na estratosfera, especialmente sobre a Antártica. Entre esses gases estavam o clorofluorcarbono, mais conhecido como CFC, usado principalmente em aerossóis e sistemas de refrigeração, e o brometo de metila, usado como inseticida e herbicida. Os cientistas descobriram que o "buraco" sobre a Antártica estava relacionado com o inverno meridional e que, mesmo na estratosfera, onde a umidade é muito baixa, se formavam atípicas nuvens em decorrência do grande resfriamento do ar presente na massa atmosférica conhecida por vórtice polar, que circula pela Antártica no inverno. É na superfície dessas nuvens que acontecem as reações fundamentais para a ocorrência do buraco na camada de ozônio. Tais reações fazem que elementos como o cloro e o bromo reajam com o ozônio, resultando na destruição de milhares de moléculas desse gás. Acredita-se que o mesmo não ocorra no Ártico pelo fato de, na região setentrional, as temperaturas não serem tão rigorosas como no sul. (Cf. TOLENTINO; ROCHA-FILHO; SILVA, 1995).

Com a finalidade de proteger a camada de ozônio, foi assinado, em 1987, o Protocolo de Montreal sobre Substâncias que Prejudicam a Camada de Ozônio.

Por último, um importante fenômeno que atua no clima, causando profundos impactos mundiais e consequentemente também nas atividades humanas, é o *El Niño*. Mendonça e Danni-Oliveira (2009, p. 191) o definem assim:

> *O El Niño é um fenômeno oceânico caracterizado pelo aquecimento incomum das águas superficiais nas porções central e leste do oceano Pacífico, nas proximidades da América do Sul, mais particularmente na costa do Peru. A corrente de águas quentes que ali circula, em geral, na direção sul no início do verão, somente recebe o nome de El Niño quando a anomalia térmica atinge proporções elevadas (1 °C) ou muito elevadas (de 4 °C a 6 °C) acima da média normal [...].*

Entre os problemas causados por esse fenômeno natural estão grandes tempestades, enchentes, secas, furacões e, até mesmo, frio e neve. Suas consequências atingem regiões em todo o mundo, entretanto não há uma periodicidade para a sua ocorrência, chegando a ocorrer por três vezes na década de 1950.

No Brasil os principais efeitos do *El Niño* são diminuição das chuvas na região Amazônica; secas no Nordeste e aumento das chuvas no Sul.

Seu contrário é chamado de *La Niña*, pois corresponde ao resfriamento atípico do Pacífico e também provoca substanciais alterações climáticas.

Assim como em relação ao relevo, os PCN de geografia (1998, p. 63) também sugerem itens que podem servir como ponto de partida para trabalhar na escola temas relacionados ao clima, entre os quais também destacamos os seguintes:

- Clima no Brasil: como os diferentes tipos de clima afetam as diferentes regiões.

- O clima no cotidiano das pessoas.

- Previsão do tempo e clima.

- As cidades e as alterações climáticas.

Microclima urbano: clima resultante do aumento de temperatura provocado pelas emissões de gases poluentes e pela concentração de construções, que absorvem o calor do Sol. O microclima urbano tornou-se um fenômeno comum em grandes centros urbanos.

ATENÇÃO

O ar presente no vórtice, muito frio, pode chegar próximo dos -100 °C.

Protocolo de Montreal: Tratado Internacional em que os países signatários se comprometem a substituir as substâncias que estariam afetando a camada de ozônio por outras não prejudiciais. Centenas de países aderiram e, hoje, o CFC tem seu uso proibido ou previsão de desuso em mais de 150 países. Para saber mais sobre esse Tratado, consulte: PROTOCOLO DE MONTREAL. Disponível em: <http://www.protocolodemontreal.org.br/eficiente/sites/protocolodemontreal.org.br/pt-br/home.php>. Acesso em: 1 ago. 2011.

5.3. TRABALHANDO O TEMA COM OS ALUNOS

a. Atividade 1: A variação do tempo.

b. Objetivos: Observar, identificar e descrever as característi-cas básicas do tempo; perceber como ocorre a variação do tempo durante um determinado período; reconhecer a importância do tempo na vida cotidiana.

c. Desenvolvimento:

Conduzir os alunos a perceberem a importância do funcio-namento do tempo e sua influência no nosso comportamento é um desafio interessante, pois ajuda a criar uma nova visão, como já dito, com mais atenção aos fenômenos do tempo atmosférico.

Módulo 1: Para começar, peça aos alunos que atentem para os telejornais televisivos, imprensa escrita, Internet ou qualquer ou-tro meio que comunique a previsão do tempo. Eles devem anotar, durante uma semana, qual a previsão para a cidade ou região em que vivem.

Diga a eles para também observarem diariamente o tempo pela manhã, à tarde e à noite ou a critério do professor, de modo que as ocorrências possam ser registradas, em vários momen-tos do dia, conforme a tabela as seguir. Peça que informem o local onde se encontravam no momento do registro e escrevam em seus cadernos se se sentiram confortáveis com o tempo. Por exemplo: se avaliaram que em determinada hora do dia estava muito frio ou muito calor.

Local:				
Hora	Temperatura	Chuva? S ou N	Nublado? S ou N	Vento? S ou N
8				
9				
10				
11				
12				
13				
14				
15				
16				
17				
18				
19				
20				

Módulo 2: Discuta com os alunos sobre as diferenças que existem entre os climas do planeta e, consequentemente, sobre os tipos de tempo também.

Na escola, meçam a temperatura todos os dias, preferencialmente no mesmo horário e local. Solicite o registro aos alunos, compare as opiniões e discuta-as com eles.

Módulo 3: Façam a comparação dos registros feitos e os dados da previsão fornecidos pela mídia. Discuta com os alunos os acertos e os erros da previsão e questione: O que permite que os meteorologistas possam prevenir os acontecimentos atmosféricos, em especial as ocorrências do tempo? Quais são as características predominantes do tempo no local em vivem?

d. Avaliação: Com a finalidade de chegar a uma melhor compreensão da dinâmica climática, solicite uma pesquisa que compare o tempo em alguma cidade (brasileira ou estrangeira) com a cidade em que vivem, por meio da previsão do tempo. Lembre-os de sempre buscarem a previsão do tempo para as duas cidades escolhidas. Todos os dados devem sem reunidos em uma planilha para se saber como foi o comportamento do tempo naqueles dias, em todas as localidades analisadas.

a. Atividade 2: Clima e meio ambiente.

b. Objetivos: Relacionar o clima com a poluição atmosférica; analisar o aumento da temperatura global.

c. Desenvolvimento:

Módulo 1: Inicie o tema, apresentando aos alunos o documentário *Uma verdade inconveniente* ou algum outro que julgue apropriado para discutir o tema. Solicite que anotem as informações que considerarem mais importantes.

Promova uma discussão sobre o conteúdo do filme de modo que os alunos se posicionem em relação aos argumentos/imagens/preocupações apresentadas.

Aprofunde esse tema.

Módulo 2: Prepare uma pauta para a realização de um debate que envolva interesses distintos, cujo tema seja o aquecimento global. Na preparação do debate, municie os alunos com dados que os apoiem no momento de sua realização.

Organize a turma em três grupos: o primeiro deverá representar os interesses das empresas poluentes; o segundo, os inte-

---

ATENÇÃO

As páginas da Internet relacionadas a seguir apresentam dados da previsão do tempo e demais informações climáticas no Brasil e no mundo: CENTRO de Prevenção do tempo e Estudos Climáticos. Disponível em: <www.cptec. inpe.br/>; TEMPO Agora. Disponível em: <www. tempoagora.com.br/>; e CLIMATEMPO. Disponível em: <www.climatempo.com.br/>. Acessos em: 5 set. 2011.

resses da sociedade civil organizada por meio de Ongs, sindicatos, entidades estudantis etc., e o terceiro, os governos.

Seja o mediador, estabeleça tempo e normas para as intervenções.

Nessa atividade, não se trata de defender os interesses de um dos três seguimentos representados nos grupos, ainda que algum deles possa ser o mais justo, mas de levá-los a perceber o quanto é complexa a relação travada nesses encontros que envolvem interesses distintos e como é difícil encontrar solução para um problema que tem afetado a todos.

d. Avaliação: Peça que os grupos elaborem relatórios com propostas que considerem imprescindíveis para resolver o impasse.

Analise-os e dê um retorno a eles.

a. Atividade 3: As estações do ano e a música de Vivaldi.

b. Objetivo: Comparar uma obra musical destinada à leitura das estações do ano com as características reais de cada uma delas.

c. Desenvolvimento:

Prepare os alunos para que compreendam o objetivo da atividade, contextualizando-a. Esclareça que os concertos que ouvirão foram compostos por um europeu há mais de 285 anos. Explique que todas as regiões da Europa se encontram em latitudes muito maiores que qualquer parte do Brasil e que, por essa razão, as estações por lá são mais bem definidas que por aqui. Comente que as músicas fazem referência às estações do ano e que, portanto, estão relacionadas também aos fenômenos climáticos.

Módulo 1: Com a ajuda de mapas, demonstre que há regiões do nosso país que estão mais próximas da linha do Equador e que, por isso, possuem baixa amplitude térmica. Apresente fundamentos que expliquem características climáticas do Brasil e da Europa.

Peça aos alunos que escrevam e/ou ilustrem como imaginam ser o tempo/clima, em uma determinada estação do ano, em uma região, no Brasil ou no mundo, em que nunca estiveram e que gostariam de visitar.

Módulo 2: Ouça com os alunos, durante a aula, concertos de *As quatro estações*. Sugerimos que inicialmente se escolha um concerto de cada estação, pois ouvi-lo todo demandaria muito tempo, praticamente toda a aula, e poderia ficar cansativo a eles. Após a audição inicial dialogue a respeito do que ouviram, se

> Antonio Vivaldi (1678-1741): padre e compositor italiano que, no ano de 1725, publicou em Amsterdã, Países Baixos, *As quatro estações*, cujo título original é *Il cimento dell'armonia e dell'invenzione*, composta por 12 concertos que retratam as estações do ano. A composição, no estilo Barroco, se tornou uma das obras mais conhecidas da música erudita no mundo. O primeiro movimento *allegro* (rápido) destinado à primavera é uma das melodias mais apreciadas desse compositor.

gostaram, se conseguiram relacionar com alguma estação do ano. Estimule-os a falar a respeito.

Depois desse "bate-papo", recoloque a música e, explicando--lhes como o autor as relacionou com as estações. Pergunte a eles se há alguma composição que os faça lembrar mais de alguma estação do ano. Informe-os que o mais lento e triste foi composto para representar o inverno, por exemplo.

Discuta os resultados.

d. Avaliação:

Ao som dos concertos que mais agradaram aos alunos, peça que façam uma redação, narrando uma história imaginada. Na narrativa, deve ficar clara a presença de uma das estações do ano na descrição da paisagem e dos fenômenos atmosféricos. Solicite que façam uma ilustração do texto.

5.4. PARA FINALIZAR

O estudo do clima permite que se veja a Terra com outro olhar. Mas, embora seja importante para a compreensão geral de como se distribuem os climas no globo, a delimitação de zonas climáticas feita a partir dos paralelos, esquema muito usado nas aulas de geografia para se explicar seus aspectos, pode passar a ideia falsa da existência de características semelhantes dos climas e das regiões por eles delimitados. Por essa razão, o professor deve estar atento para que os alunos não fiquem com a impressão de que o clima seja estático, limitado pelas linhas imaginárias, ou seja, que "de um lado" do trópico de Capricórnio exista um clima e, do "outro lado", outro. Os alunos devem entender bem que se trata do estudo de algo dinâmico e que a análise dos fatores que influenciam o clima é fundamental para sua compreensão.

Os trópicos atravessam inúmeros países com características climáticas bem distintas, como no caso do trópico de Capricórnio, que vai desde os desertos da Namíbia e Botsuana (se considerá-los como ponto de partida), até a região de clima tropical úmido no Estado de São Paulo, no Brasil, após dar a volta completa no globo e passar por distintas regiões com características físicas e sociais bastante peculiares. Dar a volta ao mundo acompanhando os trópicos pode ser uma boa opção para demonstrar as profundas diferenças climáticas do globo, ainda que em uma mesma latitude.

5.5. SUGESTÕES DE LEITURA

ANDRADE, Manuel C. de. **A problemática da seca**. Recife: Liber, 1999.

BRANCO, Samuel M.; MURGEL, Eduardo. **Poluição do ar**. São Paulo: Moderna, 2002.

BRASIL. SECRETARIA DE EDUCAÇÃO MÉDIA E TECNOLÓGICA. **Parâmetros curriculares nacionais**: ensino médio. Brasília: MEC, 1999.

BRASIL. SECRETARIA DE EDUCAÇÃO FUNDAMENTAL. **Parâmetros curriculares nacionais: geografia**. Brasília: MEC/SEF, 1998.

CONTI, José B.; FURLAN, Sueli A. Geoecologia: o clima, os solos e a biota. In: ROSS, Jurandyr L. S. **Geografia do Brasil**. 4. ed. São Paulo: Edusp, 2001.

MENDONÇA, Francisco; DANNI-OLIVEIRA, Inês M. **Climatologia**: noções básicas e climas do Brasil. São Paulo: Oficina de Textos, 2009.

MOUVIER, Gérard. **A poluição atmosférica**. São Paulo: Ática, 1997.

TOLENTINO, Mario; ROCHA-FILHO, Romeu C.; SILVA, Roberto R. da. **O azul do planeta**: um retrato da atmosfera terrestre. 3. ed. São Paulo: Moderna, 1995.

5.6. BIBLIOGRAFIA

ATLAS GEOGRÁFICO ESCOLAR/IBGE. 4. ed. Rio de Janeiro: IBGE, 2007.

AYOADE, J. O. **Introdução à climatologia dos trópicos**. 6. ed. Rio de Janeiro: Bertrand Brasil, 2001.

BRASIL. SECRETARIA DE EDUCAÇÃO MÉDIA E TECNOLÓGICA. **Parâmetros curriculares nacionais**: ensino médio. Brasília: MEC, 1999.

BRASIL. SECRETARIA DE EDUCAÇÃO FUNDAMENTAL. **Parâmetros curriculares nacionais**: geografia. Brasília: MEC/SEF, 1998.

CENTRO de Prevenção do tempo e Estudos Climáticos. Disponível em: <www.cptec.inpe.br/>. Acesso em: 5 set. 2011.

CLIMATEMPO. Disponível em: <www.climatempo.com.br/>. Acesso em: 5 set. 2011.

MENDONÇA, Francisco; DANNI-OLIVEIRA, Inês M. **Climatologia**: noções básicas e climas do Brasil. São Paulo: Oficina de Textos, 2007.

MONTEIRO, Carlos A. de F.; MENDONÇA, Francisco. **Clima urbano**. São Paulo: Contexto, 2003.

MOUVIER, Gérard. **A poluição atmosférica**. São Paulo: Ática, 1997.

NATIONAL Climate Data and Information Archive. Disponível em: <http://climate.weatheroffice.gc.ca/climate_normals/results_1961_1990_e.html?stnID=1006&prov=ON&lang=e&StationName=TORONTO&SearchType=Contains&province=ALL&provBut=&month1=0&month2=12>. Acesso em: 30 jul. 2011.

NETO, João L. S. Da complexidade física do universo ao cotidiano da sociedade: mudança, variabilidade e ritmo climático. **Terra Livre**, São Paulo, ano 19, v. I, n. 20, p. 51-63, jan.-jul. 2003.

PROTOCOLO de Montreal. Disponível em: <http://www.protocolodemontreal.org.br/eficiente/sites/protocolodemontreal.org.br/pt-br/home.php>. Acesso em: 1 ago. 2011.

TEMPO Agora. Disponível em: <http://www.tempoagora.com.br/previsaodotempo.html/brasil/climatologia/Natal-RN/>. Acesso em: 30 jul. 2011.

TOLENTINO, Mario; ROCHA-FILHO, Romeu C.; SILVA, Roberto R. da. **O azul do planeta**: um retrato da atmosfera terrestre. 3. ed. São Paulo: Moderna, 1995.

6

A vegetação e a água

É provável que a maioria de nós já tenha ouvido as seguintes ideias a respeito da floresta Amazônica: "a Amazônia é o pulmão do mundo" ou "sem a floresta Amazônica a vida na Terra seria dizimada" etc. É claro que há certo exagero em tais afirmações, embora não restem dúvidas de que a Amazônia e outros biomas existentes na Terra sejam muito importantes para todos os seres vivos.

Esse capítulo tratará da vegetação e da água.

Para as aulas de geografia, temos mais um tema importante, pois permite aos alunos a compreensão de que o desenvolvimento da humanidade depende dos recursos que a natureza possui e nos oferece. E que muitos desses recursos, para continuarem sendo extraídos, dependem da manutenção de biomas existentes em todos os continentes, mas especialmente daqueles encontrados nos países tropicais, que detêm as maiores e mais biodiversas florestas do mundo.

O Brasil, nessa questão, é um país privilegiado, já que a Amazônia, presente no território de oito países sul-americanos, além da Guiana Francesa, tem sua maior parte em território brasileiro. Trata-se da maior floresta tropical do mundo e, por essa razão, deve ser objeto de intensa preocupação não só da sociedade brasileira, dos estudantes brasileiros, mas de todas as pessoas preocupadas com a sua preservação.

É inegável que, para favorecer o conforto humano, a capacidade de extrair recursos naturais aumenta conforme o incremento de novas técnicas. No entanto, em relação às formações vegetais, ainda que existam denúncias de ações ilegais de madeireiras e derrubada de matas por causa do avanço da fronteira agrícola, a devastação não só da Amazônia como de outros importantes biomas, também em outros continentes, como é sabido, ocorre a passos largos.

Essa situação tem resultado em problemas socioambientais que envolvem diferentes interesses, como os de populações locais, governos e proprietários de terra. Por essa razão, para que os alunos percebam a importância que possui o tema, torna-se necessário analisá-lo a partir desses distintos interesses e discuti-lo nas aulas de geografia. Levá-los a refletir sobre essa realidade é uma necessidade pedagógica de grande vulto.

Também para os PCN de geografia (1998, p. 64), é ressaltada a importância do trabalho pedagógico envolvendo natureza e questões socioambientais:

> *Este tema permite ao professor trabalhar com uma grande diversidade de conteúdos da atualidade, inter-relacionando os processos da natureza com as problemáticas colocadas para a sociedade do terceiro milênio. Aqui há uma grande abertura para criação de projetos temáticos, tais como: qual será o destino das florestas tropicais, quais questões estão em pauta em relação ao que a floresta é, e como ela vem sendo utilizada.*

Biodiversidade: termo que se refere à diversidade de vegetais e animais encontrados no planeta. Não se sabe ao certo qual a quantidade de diferentes seres vivos que habitam a Terra, mas aproximadamente 1,4 milhão de organismos já foram registrados. (Cf. DASHEFSKY, 2003).

Fala-se muito da Amazônia porque ela é a maior floresta tropical e também pelo fato de a Amazônia concentrar a maior biodiversidade da Terra. No entanto, se for observado outro exemplo, como o das savanas africanas, será possível verificar que elas também são essenciais para diversas formas de vida, pois são nelas que vivem vários dos maiores mamíferos do planeta e inúmeras outras espécies. Tais constatações nos revelam que a Terra é um planeta em equilíbrio, no qual, como se sabe, todas as partes são importantes. As conexões existentes entre as formas de vida são incríveis e a riqueza do planeta resultante dessa realidade é incontestável.

Com isso, pode-se dizer que o conhecimento das diversas formações vegetais, por exemplo, é fundamental para a formação de nossos alunos. Longe de apenas descrever suas características ou decorar suas respectivas áreas de abrangência, tal conteúdo deve ser objeto de amplo estudo e, ao mesmo tempo, de preocupação pelos riscos que essas diversas formações vegetais correm. Só com o entendimento da importância que os biomas da Terra possuem, é que as gerações futuras poderão agir em defesa da biodiversidade no Brasil e no mundo. Nesse caso, a máxima: "pense globalmente e aja localmente" se encaixa muito bem.

> **Biomas:** são entendidos como ecossistemas que apresentam características próprias, resultantes de combinações de outros fatores, como a temperatura, o solo, a precipitação etc. Não existe consenso quanto à quantidade de biomas existentes, embora alguns estejam entre os mais conhecidos. São eles: o deserto, a floresta tropical, a floresta temperada, a savana (cerrado no Brasil), a estepe (caatinga no Brasil), os campos e a tundra. (Cf. DASHEFSKY, 2003).

Também por essa razão entendemos que se trata de um tema muito importante às nossas aulas, já que poderá contribuir muito significativamente para a construção de uma mentalidade mais preocupada com a busca de um mundo mais sustentável.

Já há algum tempo, não é novidade para mais ninguém que a preservação ambiental é necessária para a manutenção da vida no planeta. Não se trata apenas da vida humana, já que as conexões existentes na natureza são necessárias para todos os seres vivos. Nesse sentido, as formações vegetais possuem um papel fundamental, uma vez que sem elas os solos seriam facilmente erodidos, o clima sofreria significativas mudanças – além das que já vem sofrendo –, com as alterações marcantes nos ciclos da água e do carbono, principalmente em razão das excessivas emissões de CO_2 na atmosfera etc.

Ao estudar a fauna e a flora, aprendem-se conceitos da biologia e da ecologia que são necessários para a melhor compreensão dos fenômenos estudados em geografia. Por isso, entendemos que o tema desse capítulo também é interdisciplinar, cabendo a mais de uma disciplina tê-lo como objeto de estudo.

6.1. BRASIL: ALGUMAS DAS PRINCIPAIS PAISAGENS VEGETAIS

De quem é a Amazônia e onde ela se localiza?

É no Brasil que está a maior parte da floresta Amazônica, mas sabemos que não é somente aqui que ela se encontra. Tal infor-

126 *Série* A reflexão e a prática do ensino

Francisco Alves Mendes Filho (1944-1988) : seringueiro e líder político, lutou incansavelmente durante anos em defesa da preservação da floresta e pela implantação de reservas extrativistas a fim de garantir a exploração sustentável da Amazônia. Seu trabalho, reconhecido internacionalmente, foi diversas vezes premiado, inclusive pela ONU com "Global 500", em 1987.

ATENÇÃO

De acordo com o Atlas da National Geographic Society, o rio Nilo, com 6.671 km de extensão e o rio Amazonas como 6.280 km, são os dois rios mais extensos do mundo.

ATENÇÃO

De acordo com: GREENPEACE Brasil. Disponível em: <http://www.greenpeace.org/brasil/pt/O-que-fazemos/Amazonia/>. Acesso em: 12 set. 2011.

ATENÇÃO

De acordo com: SOS Mata Atlântica. Disponível em: <http://www.sosmatatlantica.org.br/index.php?section=info&action=mata>. Acesso em: 12 set. 2011.

mação é fundamental para que nossos alunos possam entender a complexidade política que envolve os interesses a respeito dessa floresta. Objeto de cobiça de muitos que visam a sua exploração apenas com fins lucrativos, a Amazônia tem sido palco de diversos conflitos ao longo de muitos anos.

As consequências desses conflitos resultaram em inúmeros casos de violência. Entre os exemplos mais marcantes está a morte de Chico Mendes, assassinado no Acre a mando de um fazendeiro da região e a missionária católica Dorothy Stang, a "Irmã Dorothy", morta em 2005, aos 75 anos, também a mando de proprietários de terra no Estado do Pará. Contudo, são muitos os casos de violência desmedida que envolve interesses econômicos e políticos na região amazônica, conforme tem sido denunciado por Ongs e movimentos sociais.

Com uma diversidade biológica impressionante, a floresta Amazônica possui diversos e caudalosos rios, entre eles o mais volumoso e segundo mais extenso do mundo, que é o rio Amazonas. Ele nasce no Peru, na região andina, e logo recebe o nome de *Urubamba,* que passa pela região da antiga cidade Inca de *Machu Picchu* e segue na direção norte para receber vários afluentes e passar a se chamar *Ucayali.* Somente após adentrar em território brasileiro é que passa a se chamar Solimões para, finalmente, depois do encontro com o rio Negro, em Manaus, receber o nome de Amazonas. A floresta possui também fauna e flora impressionantes, com variedade de pássaros, insetos e outras espécies que não existem em nenhum outro lugar da Terra. É na Amazônia colombiana que se encontra a maior variedade conhecida de pássaros no mundo. Densa, com árvores de médio e grande porte, sua penetração é difícil e acredita-se que muito de sua diversidade ainda não seja conhecida pelo homem; todavia, cerca de 17% de sua cobertura original, em território brasileiro, já foi devastada. Assim como a Amazônica, as florestas tropicais africanas e asiáticas também sofrem com o desmatamento causado principalmente pela ação de madeireiras e pelo consumo da lenha em sociedades tradicionais, que utilizam a queima da madeira por ser uma das únicas fontes de energia disponível.

Além da floresta Amazônica, é importante destacar a Mata Atlântica. Essa magnífica floresta tropical que originalmente cobria a costa do Brasil no sentido norte-sul, do Rio Grande do Norte ao Rio Grande do Sul, sofreu profunda devastação e hoje resta apenas, aproximadamente, 7% de sua cobertura original.

A devastação vegetal e os riscos resultantes dela, como se sabe, atingem também outros biomas no Brasil como o Cerrado, a Caatinga, o complexo do Pantanal, entre outros.

Com a destruição da vegetação, outros problemas aparecem com consequências desastrosas ao ambiente. Entre esses problemas está o tráfico de animais silvestres que são alvos fáceis de contrabandistas. Os casos mais graves são os das espécies endêmicas de um determinado bioma, como cervo-do-pantanal, lobo-guará, onça-pintada, tamanduá-bandeira, papagaio-da-cara-roxa e muitos outros. Entre mamíferos, répteis, anfíbios e aves, só no território brasileiro, há mais de 260 espécies correndo risco de extinção ou extintas (Cf. IBGE, 2007).

Como citado aqui, um grave problema que precisa ser enfrentado é o do tráfico de animais. Trata-se de uma "operação" vantajosa para os traficantes – pois se paga muito dinheiro por um animal silvestre – e cruel para os animais que são retirados de seus hábitats e levados para serem vendidos em cidades brasileiras e/ ou estrangeiras. Os traficantes submetem os animais a longas viagens sem água ou alimentação, presos em gaiolas ou escondidos em bagagens, sem ventilação adequada. Resultado: muitos chegam mortos ou muito debilitados aos "destinos".

Levar nossos alunos à reflexão em relação a esses acontecimentos é muito importante, porque assim poderão pensar mais e melhor sobre a necessidade de proteção ao meio ambiente. Possuir animais silvestres em casa, como papagaios, araras, passarinhos presos em gaiolas, tartarugas, camaleões, entre outros, pode, além de ser ilegal, ser um ato de crueldade mesmo que o "dono" do animal acredite estar tratando bem dele. Realizar discussões desse nível nos parece necessário para a construção de outras formas de interação com o ambiente, de modo que os alunos compreendam os sentidos de uma participação coletiva em busca de um pensamento novo que respeite as outras formas de vida.

> **Endêmico:** termo relativo a uma espécie da fauna ou da flora que só pode ser encontrada em uma determinada região. O mico-leão-dourado, por exemplo, é endêmico da mata Atlântica e, ainda assim, em apenas um trecho dela, fator que o torna ainda mais suscetível aos riscos da extinção.

> **Hábitat:** lugar originário de um organismo, onde ele está adaptado e vive. Hábitats atendem às necessidades básicas de sobrevivência e podem ser aquáticos ou terrestres. (Cf. DASHEFSKY, 2003).

6.2. A ÁGUA – RIOS, LAGOS E MARES

A compreensão de que a água é um patrimônio do planeta e condição essencial para que toda e qualquer espécie tenha vida, é, a nosso ver, justificativa suficiente para que este tema interdisciplinar esteja presente e seja estudado na escola. Mas consideramos importante dizer também que nossos alunos, ao estudarem a água, saibam que ela é necessária para manter o equilíbrio natural do planeta, que não há dono ou donos da água, de modo que esse recurso não deve ser objeto de comércio para a obtenção de lucros e também não deve ser desperdiçado, tampouco envenenado. Portanto, vemos que, da perspectiva escolar, o estudo desse tema se torna relevante e muito útil ao aprendizado de nossos alunos, pois os ajudará a entender e a responder a muitos questionamentos socioambientais contemporâneos.

Quando se vê na TV, ouve-se no rádio ou lê-se em jornais, revistas ou livros notícias sobre pesquisas que buscam vida em outros planetas, pode-se perceber que uma das primeiras coisas que os cientistas procuram é a possibilidade de existência de água.

Por que a busca por água é tão importante para as pesquisas? É claro que esse assunto possibilitará a abertura de um leque de questionamentos, mesmo entre os alunos, sobre utilização e preservação da água nas diversas sociedades, mas a vital importância desse recurso para a vida, acompanhada de uma leitura crítica do uso que a humanidade tem feito dele, deve ficar bem clara e ser norteadora das discussões.

Falar sobre a água nas aulas pode ser muito interessante, pois muitas vezes nossa sociedade não se dá conta de que se trata de um bem precioso. Discutir sobre a água em uma aula de geografia é falar da importância da chuva (e da beleza desse fenômeno); dos reservatórios, tanto das usinas hidrelétricas e sua finalidade, quanto de açudes e de lagos naturais que abastecem cidades; dos rios que serpenteiam vastas regiões, ao redor dos quais nascem e se desenvolvem cidades inteiras; do lençol freático e de muito mais. Entendemos que um bom tempo das aulas precisa ser dedicado ao fim de se buscar junto aos alunos a compreensão de sua importância.

Para isso, precisam entender seu mecanismo, onde encontrá-la, qual a melhor forma de utilizá-la. O dia a dia é um excelente ponto de partida que, quando utilizado nas aulas, torna-se importante referência para a aprendizagem. Conduzir os alunos em uma reflexão a respeito da disponibilidade de água em relação à chuva, da evapotranspiração, da água subterrânea, do escoamento de rios, entre outros temas, é uma forma de informá-los e orientá-los na obtenção de uma postura em direção a um consumo responsável.

Não é demais lembrar que a água na Terra encontra-se nos três oceanos e em mares menores; congelada nos extremos norte e sul. Na região Ártica, a maior parte da água congelada encontra-se flutuando no mar, formando verdadeiras montanhas de gelo que são conhecidas por *icebergs*; já no polo sul, a maior parte de água congelada está localizada sobre um continente: a Antártica. A água também é encontrada no subterrâneo, com destaque para a América do Sul, onde se localiza uma das mais importantes reservas de água doce do planeta: o Aquífero Guarani, que possui uma área de ocorrência de 1.195.200 km² (Cf. REBOUÇAS; BRAGA; TUNDISI, 2006), que se estende por territórios de quatro países: Argentina (225,3 mil km²), Brasil (839,8 mil km²), Paraguai (71,7 mil km²) e Uruguai (58,4 mil km²) (Ibid., 2006, p. 129); em rios e lagos, nas nuvens, e em forma de vapor na atmosfera.

Iceberg: grande massa de gelo, formada essencialmente por água doce. É comum nos polos norte e sul. Os *icebergs* originam-se do desprendimento das geleiras e plataformas de gelo continental – estas mais comuns na Antártica – e são levados por correntes marinhas. Normalmente a parte submersa possui cerca de sete vezes o tamanho da parte emersa.

Figura 6.1 – Localização do Aquífero Guarani na América do Sul.

Do total de água existente no planeta, uma parcela de 97,5% é composta por água salgada e localiza-se nos oceanos e mares. Somente 2,5% correspondem a água doce. A água doce está distribuída da seguinte maneira:

Água doce na Terra (2,5% do total)	
Localização	%
Calotas polares	68,9
Águas subterrâneas	29,9
Lagos e pântanos	0,29
Atmosfera	0,04
Rios	0,006

Fonte: Adaptado de Rebouças; Braga; Tundisi (2006, p. 8).

É importante ressaltar aos alunos que, na Terra, muita água não está disponível para consumo humano, uma vez que, da água doce, apenas uma pequena parcela se encontra em rios e lagos, como se pode ver na tabela.

Não há dúvida de que a água potável poderá se tornar escassa em mais partes do mundo, além daquelas que já sofrem com sua carência, se não ocorrerem mudanças de atitude em relação à poluição e ao desperdício.

Não apenas a água doce está sendo poluída, pois não raramente se vê, por meio de reportagens, que o mar também sofre com o despejo de esgotos, petróleo, produtos químicos e lixo diverso. O "Lixão do Pacífico", uma área localizada a aproximadamente 1.600 km da costa da América do Norte, entre a Califórnia e o Havaí, é um exemplo de como a humanidade vem tratando os oceanos. Nesse "lixão" são encontradas toneladas de embalagens, principalmente plásticas, que podem abranger até 700 mil km^2 de extensão. Localizados longe da presença humana, os resíduos se acumulam também em ilhas, levados pelas correntes marítimas. Acredita-se que os navios que cruzam o Pacífico sejam os principais responsáveis pelo descarte desse material no mar. As consequências são graves, com o envenenamento e a morte de espécies marinhas.

Como já afirmado anteriormente, a vegetação e a água são temas imprescindíveis ao estudo geográfico, além de possibilitarem uma ampla e profunda discussão da relação do homem com o meio ambiente, contribuindo, dessa forma, para que os alunos entendam com mais profundidade a necessidade de compreender que a Terra é a nossa casa e que, portanto, deve ser preservada.

Entre os itens sugeridos pelos PCN de geografia (1998, p. 63-64) que podem servir como ponto de partida para trabalhar, na escola, temas relacionados a esse capítulo, destacamos:

- As florestas e sua interação com o clima.
- Como conhecer a vegetação brasileira: a megadiversidade do mundo tropical.
- Florestas tropicais: como funcionam essas centrais energéticas;
- Cerrados e interações com os solos e o relevo.
- Estudando e compreendendo as caatingas.
- Saindo do mundo tropical para entender o pampa.
- Pinheiros do Brasil: as florestas de araucária.
- A floresta tropical vai acabar?

6.3. TRABALHANDO OS TEMAS COM OS ALUNOS

a. Atividade 1: A importância dos biomas brasileiros.

b. Objetivos: Refletir a respeito dos biomas brasileiros; ler mapas sobre a devastação da cobertura vegetal no Brasil; discutir criticamente a situação da vegetação original em todo o território brasileiro, mas especificamente a situação da Mata Atlântica.

c. Desenvolvimento:

Módulo 1: Em uma aula, compare um mapa da vegetação do Brasil que mostre sua cobertura original, com outro que apresente a situação atual. Discuta com os alunos os porquês de ter ocorrido tão marcante mudança. Explique o processo de devastação de biomas como a Mata Atlântica e relacione esse fato com a localização das maiores cidades do País.

Em grupos, os alunos deverão pesquisar a porcentagem remanescente de Mata Atlântica em cada estado brasileiro. Cada grupo ficará responsável por um estado. Deverão também apresentar as causas que levaram à destruição do bioma em questão.

ATENÇÃO

Alguns endereços eletrônicos como os listados a seguir possuem informações e dados importantes sobre o tema: SOS Mata Atlântica. Disponível em: <http://www.sosmatatlantica.org.br/>; WWF-Brasil. Disponível em: <http://www.wwf.org.br/> e GREENPEACE Brasil. Disponível em: <http://www.greenpeace.org/brasil/pt/>.

Acessos em: 9 set. 2011.

> **ATENÇÃO**
>
> *No endereço eletrônico do Instituto Nacional de Pesquisas Espaciais (INPE), os alunos poderão conseguir importantes informações para o desenvolvimento da sua atividade, além de obterem imagens de satélites: DSA - Centro de Prevenção do tempo e Estudos Climáticos. Disponível em:<http:// satelite.cptec.inpe.br/home/>.*
>
> *Nesse endereço também há animações e inúmeras outras informações atmosféricas, além de um link para acessar: GOOGLE Earth. Disponível em: <http://www.google.com.br/ intl/pt-BR/earth/index.html>. De acordo com informações constantes na página do INPE, com essa ferramenta é possível combinar dados meteorológicos, mapas, detecções de queimadas, entre outros, gratuitamente e em tempo real. Acesso em: 9 set. 2011.*

> **ATENÇÃO**
>
> *Entre outras, sugerimos as seguintes publicações como fonte de consulta: CAROS Amigos. Disponível em: <http://carosamigos.terra.com. br/index/>; CARTA Capital. Disponível em: <http://www.cartacapital.com. br/category/carta-na-escola>; REVISTA Fórum. Disponível em: <http://www.revistaforum.com. br/> e BRASIL de Fato. Disponível em: <http://www.brasildefato.com. br/>. Acessos em: 13 set. 2011.*

O resultado da pesquisa servirá como base para aprofundar os estudos sobre o assunto.

Módulo 2: Utilize dados estatísticos e análises que explicam os principais problemas ambientais relacionados ao desmatamento no Brasil. Leve-os a compreender também que esse não é um problema exclusivamente brasileiro e que a presença humana tem causado desmatamentos em diversas partes do mundo.

Por meio de imagens de satélites, os alunos farão uma demonstração do desmatamento existente em regiões dos estados brasileiros, nos quais já haviam levantado a porcentagem de degradação vegetal.

d. Avaliação: Com base nas atividades realizadas, peça que cada grupo faça um painel em que seja apresentada a situação de cada região analisada. Além de refletir sobre cada situação, os alunos deverão apresentar seus trabalhos. Organize uma exposição com os painéis para que outros alunos e professores possam vê-los e discuti-los.

a. Atividade 2: Meio ambiente e conflitos sociais.

Os objetivos principais dessa atividade são: analisar com os alunos o que representam as mortes causadas pelos conflitos de terra no País, e que ocorrem há décadas, e pensar sobre os porquês das muitas mortes de ambientalistas que aconteceram na região Amazônica. Enfim, estudar a realidade brasileira.

b. Objetivo: Refletir sobre a preservação ambiental; analisar e discutir conflitos sociais relacionados aos interesses que envolvem a floresta.

c. Desenvolvimento:

Módulo 1: Para se alcançar esse objetivo, oriente a leitura (silenciosa ou conjunta) de textos sobre a violência que atinge o campo brasileiro.

Solicite que, em grupos, recorram a reportagens, artigos e comentários sobre o tema. Esse assunto pode ser encontrado em publicações diversas.

Os alunos deverão analisar o conteúdo escolhido e fazer um resumo, listando, em tópicos, os seus pontos principais. Em datas previamente estabelecidas, cada grupo ficará responsável pela apresentação da notícia com base nos pontos que consideraram mais importantes e, com a mediação do professor, debater o seu conteúdo com a turma.

Módulo 2: Analise com os alunos a transformação da floresta em pasto. Discuta a situação atual dos biomas brasileiros em relação à expansão da fronteira agrícola.

Apresente filmes e/ou documentários que abordem os conflitos da Amazônia e de outros biomas do País.

Discuta o conteúdo do filme escolhido com os alunos e solicite que façam, individualmente, um relatório de seu conteúdo.

d. Avaliação: Promova um debate coletivo com a turma levantando os seguintes aspectos:

a) Os conflitos no campo são também um problema de quem vive nas cidades?

b) Como esses conflitos, que resultam em consequências tão graves, poderiam ser resolvidos?

c) Qual será o destino da Amazônia?

Avalie a participação dos alunos.

a. Atividade 3: Os efeitos do desmatamento no meio ambiente.

Essa atividade consiste em discutir com os alunos algumas das principais consequências causadas pelo desmatamento descontrolado. Prepará-los para perceber o papel fundamental das árvores no equilíbrio do ambiente, colaborando com ciclo da água, e revelando, quando há vegetação, a água brota da terra, que a temperatura fica mais amena e os animais permanecem.

b. Objetivos: Reconhecer a relação de interdependência entre os seres vivos; compreender o conceito de biosfera.

c. Desenvolvimento:

Módulo 1: Munidos de termômetros, os alunos medirão a temperatura e farão os registros em uma avenida ou em local onde haja predominância de construções, preferencialmente em um dia com Sol, e, no mesmo dia, farão o mesmo em um parque ou praça.

Na aula, questione-os sobre as causas da diferença encontrada. Peça que relatem como se sentiram ao realizar a atividade e como justificam as diferenças de temperatura.

Com o mapa-múndi, os alunos farão conexões da atividade realizada localmente com o planeta. Recomende que observem o mapa e apontem regiões em que acreditam ser possível comparar com a avenida e outras com o parque em que mediram a temperatura. Eles devem justificar as escolhas.

ATENÇÃO

Sugestão de filme: Amazônia em Chamas (retrata a trajetória de Chico Mendes).
País/ano de produção: EUA – 1994. Duração/Gênero: 123 min., drama. Direção: John Frankenheimer.
Elenco: Raul Julia, Sônia Braga, Edward James Olmos, Luiz Gúsman. Filmes curtas-metragens, de diversos gêneros, inclusive documentários, podem ser vistos e selecionados no seguinte endereço eletrônico:
PORTA Curtas Petrobras. Disponível em: <http://portacurtas.com.br/index.asp>. Acesso em: 13 set. 2011.

Módulo 2: Em grupos, os alunos terão a tarefa de realizar pesquisas sobre os seguintes temas (ou outros, a critério do professor):

a) Desmatamento e seus efeitos para a fauna e a flora de um determinado bioma.

b) Bacias hidrográficas e ciclo da água.

c) Poluição do solo causada por substâncias químicas usadas nas lavouras.

d) A presença do Aquífero Guarani e sua importância.

e) Queimadas, tanto de florestas que acabam virando pasto, quanto como método usado na colheita.

O produto de seus respectivos trabalhos deverá ser apresentado à turma e ser objeto de análises.

Questione-os: Em que medidas os problemas encontrados contribuem com a degradação da biosfera? Quais os maiores prejuízos causados às espécies de animais e vegetais?

Estimule-os a discutir os temas.

d. Avaliação: Por meio de uma pesquisa, solicite que levantem dados e comparem a situação do Brasil com a de outros países que possuem florestas tropicais. Peça que listem os principais problemas encontrados, como as queimadas, ocupação por lavouras, a situação do solo, da água etc. Solicite que verifiquem também se há projetos de recuperação, de criação de áreas protegidas e de respeito às culturas locais.

Analise se o fenômeno e os fatores que o envolvem foram bem compreendidos.

a. Atividade 4: Geografia e música.

b. Objetivo: Escutar, analisar e discutir músicas que abordem o meio ambiente, especialmente sobre a importância da vegetação e da água.

c. Desenvolvimento:

> **ATENÇÃO**
>
> *Essas músicas possuem "clipes" na Internet e são facilmente encontradas. YOUTUBE. Disponível em: <www.youtube. com>. Acesso em: 12 set. 2011.*

Módulo 1: Peça aos alunos que sugiram músicas que tratem da temática em estudo e as levem para serem escutadas em aula.

Sugerimos abaixo uma pequena lista de músicas que podem ser levadas para a aula e terem seus respectivos conteúdos discutidos com os alunos:

- "Asa Branca" de Luiz Gonzaga.
- "Estrelada" de Milton Nascimento e Márcio Borges.
- "O Sal da Terra" de Beto Guedes e Ronaldo Bastos.
- "Planeta Água" de Guilherme Arantes.
- "Terra" de Caetano Veloso.

Discutam os conteúdos das composições escolhidas.

Módulo 2: Proponha que elaborem uma redação ou componham uma canção (nesse caso, pode ser feito também em duplas ou grupos) com teor ecológico e que, em seu conteúdo, discutam a situação ambiental do planeta. Espera-se que sugiram soluções para problemas existentes, enfim, que, além da crítica, visem à construção de um mundo melhor.

d. Avaliação: Recomende que escolham e encenem letras das músicas cujos conteúdos foram discutidos em aula. Estabeleça um prazo para sua conclusão a fim de que os preparativos sejam feitos a contento.

Avalie a participação e o envolvimento dos alunos.

Lembre-se de que a participação de alunos não necessariamente deverá ocorrer com a encenação, mas também por meio da ação colaborativa (infraestrutura, organização e apoio etc.) para que a proposta seja alcançada.

6.4. PARA FINALIZAR

As atividades propostas neste capítulo podem ser desenvolvidas em qualquer ano do Ensino Fundamental Ciclo II, mas preferencialmente para as turmas do 3º e do 4º anos e também para o Ensino Médio. Por se tratar de um tema interdisciplinar, sugerimos a realização de trabalho em conjunto com professores de outras disciplinas.

Lembremos que todos os seres vivos dependem da água, sejam animais ou vegetais. E que sem ela e outros elementos abióticos, como o solo, a luz, a temperatura e o ar, não existiria vida na Terra. Entendemos que tais questões devem ficar bem claras aos alunos, assim como a construção de uma visão ecologicamente correta deve estar entre os objetivos das aulas.

Por viver na cidade e ter hábitos culturais típicos, uma parte significativa da população, sobretudo a mais jovem, dificilmente tem uma relação mais direta com a terra, sem o asfalto e/ou concreto. O contato dos pés descalços com a terra nua, por exemplo, parece já não ocorrer mais para a maioria das pessoas que vivem nas cidades. Parece ingênua essa constatação, mas se observarmos atentamente ao redor, são poucos os lugares em que não há concreto, mesmo onde poderia haver um jardim, ou uma árvore, as pessoas, salvo exceções, normalmente cimentam.

Talvez esse comportamento excessivamente urbano seja resultante do estilo de vida difundido atualmente. O plantio de árvores e os efeitos que essa simples ação pode ter são, em geral, superficialmente tratados pelos meios de comunicação, bem como pela maioria dos governos e, consequentemente, pela sociedade. Acreditamos que haja muitas pessoas, organizações não governamentais, governos e até outras instituições da sociedade civil que se preocupem com tais questões, mas vemos que suas respectivas ações ainda estão muito aquém de alcançar a consciência da esmagadora maioria das pessoas. A pobreza, a vida em condição de risco, o baixo nível educacional e de saúde são exemplos de fatores que revelam a condição humana em muitas partes do mundo e ajudam a explicar o porquê de, muitas vezes, a atenção com o ambiente sustentável não ser uma prioridade, pois sem dúvida, para muitas pessoas – milhões delas – a necessidade de garantir a própria sobrevivência vem antes.

Por outro lado, com o desenvolvimento da tecnologia, muitos acreditam que aparecerão soluções para os dilemas humanos relacionados ao ambiente. Graças ao desenvolvimento tecnológico, a produção de alimentos tem aumentado. São incontáveis os benefícios da tecnologia e, de fato, não há dúvida de que se trata de uma grande aliada. Nossos alunos, por exemplo, já nasceram com o advento da Internet, dos telefones celulares e toda uma gama de equipamentos eletrônicos que passaram a existir faz muito pouco tempo. Nesse sentido, o desafio da escola se torna ainda maior ao tratar de assuntos como os que são propostos neste capítulo, tornando-os ainda mais importantes à aprendizagem.

Por essa razão, discuta a poluição causada no solo pelo uso de substâncias químicas nas plantações. Aborde a poluição do lençol freático que, hoje, é objeto de grande preocupação ambiental, pois sua contaminação pode ocorrer pela presença de agrotóxicos, que são largamente usados nas lavouras. Informe os alunos da importância das águas subterrâneas que representam grande parte da água doce da Terra. Fale sobre o fato de a água ser um bem renovável, mas que pode ficar indisponível para muita gente, como já acontece em várias partes do mundo em que as pessoas não têm acesso a ela.

Enfim, professor, demostre que a diversidade de vida deve ser preservada e que isso é fundamental a todos.

6.5. SUGESTÕES DE LEITURA

AB'SÁBER, Aziz. **Os domínios de natureza no Brasil**: potencialidades paisagísticas. São Paulo: Ateliê Editorial, 2003.

BRASIL, Anna Maria; SANTOS, Fátima. **Equilíbrio ambiental & resíduos na sociedade moderna**. 3. ed. São Paulo: Faarte, 2007.

BRASIL. SECRETARIA DE EDUCAÇÃO FUNDAMENTAL. **Parâmetros curriculares nacionais**: geografia. Brasília: MEC/SEF, 1998.

_____. **Parâmetros Curriculares Nacionais**: terceiro e quarto ciclos: apresentação dos temas transversais. Brasília: MEC/SEF, 1998.

BRANCO, Samuel M. **Cerrado**: origem, natureza e curiosidades. 1. ed. São Paulo: Moderna, 2000.

_____. **O meio ambiente em debate**. 25. ed. São Paulo: Moderna, 1998.

CONTI, José B.; FURLAN, Sueli A. Geoecologia: o clima, os solos e a biota. In: ROSS, Jurandyr L. S. **Geografia do Brasil**. 4. ed. São Paulo: Edusp, 2001

FURLAN, Sueli A.; NUCCI, João Carlos. **A conservação das florestas tropicais**. São Paulo: atual, 1999.

MEIRELLES FILHO, João. **Amazônia**: o que fazer por ela? São Paulo: Companhia Editora Nacional, 1986.

OLIVEIRA, Ariovaldo U. de. **Amazônia**: monopólio, expropriação e conflitos. 4. ed. Campinas: Papirus, 1993.

TUNDISI, José G. **Água no século XXI:** enfrentando a escassez. 2. ed. São Carlos: RiMa, IIE, 2005.

SÃO PAULO (ESTADO). SECRETARIA DA EDUCAÇÃO/CENP. **Água hoje e sempre:** consumo sustentável. São Paulo: SE/CENP, 2004.

6.6. BIBLIOGRAFIA

AB'SÁBER, Aziz N. **Ecossistemas do Brasil**. São Paulo: Metalivros, 2008.

_____. **Amazônia**: do discurso à práxis. 2. ed. São Paulo: Edusp, 2004.

_____. **Os domínios de natureza no Brasil**: potencialidades paisagísticas. São Paulo: Ateliê Editorial, 2003.

ATLAS GEOGRÁFICO ESCOLAR/IBGE. 4. ed. Rio de Janeiro: IBGE, 2007.

ATLAS NATIONAL GEOGRAPHIC: **A Terra em números** (v. 19). São Paulo: Abril, 2008.

BRASIL. SECRETARIA DE EDUCAÇÃO FUNDAMENTAL. **Parâmetros Curriculares Nacionais**: geografia. Brasília: MEC/SEF, 1998.

_____. **Parâmetros Curriculares Nacionais**: terceiro e quarto ciclos: apresentação dos temas transversais. Brasília: MEC/SEF, 1998.

BRASIL de Fato. Disponível em: <http://www.brasildefato.com.br/>. Acesso em: 13 set. 2011.

BECKER, Bertha K. **Amazônia**: geopolítica na virada do III milênio. Rio de Janeiro: Garamond, 2009.

CAPRA, Fritjof. **As conexões ocultas**: ciência para uma vida sustentável. São Paulo: Cultrix, 2005.

CAROS Amigos. Disponível em: <http://carosamigos.terra.com.br/index/>. Acesso em: 13 set. 2011.

CARTA Capital. Disponível em: <http://www.cartacapital.com.br/category/carta-na-escola>. Acesso em: 13 set. 2011.

DASHEFSKY, H. Steven. **Dicionário de ciência ambiental**: um guia de A a Z. 3. ed. São Paulo: Gaia, 2003.

DSA — Centro de Prevenção do tempo e Estudos Climáticos. Disponível em: <http://satelite.cptec.inpe.br/home/>. Acesso em: 9 set. 2011.

GOOGLE Earth. Disponível em: <http://www.google.com.br/intl/pt-BR/earth/index.html>. Acesso em: 9 set. 2011.

GREENPEACE Brasil. Disponível em: <http://www.greenpeace.org/brasil/pt/O-que-fazemos/Amazonia/>. Acesso em: 9 e 12 set. 2011.

INPE – Instituto Nacional de Pesquisas Espaciais. Disponível em: <http://satelite.cptec.inpe.br/home/>. Acesso em: 9 set. 2011.

IORIS, Antônio A. R. Água, cobrança e commodity: a geografia dos recursos hídricos no Brasil. **Terra Livre**, Goiânia, ano 21, v. 2, n. 25, p. 121-137, jul.-dez. 2005.

MESQUITA, Helena A. de. Onde estão as flores, as cores, os odores, os saberes e os sabores do cerrado brasileiro? O agro/hidronegócio comeu! **Terra Livre**, São Paulo, ano 25, v. 2, n. 33, p. 17-30, jul.-dez. 2009.

PORTA Curtas Petrobras. Disponível em: <http://portacurtas.com.br/index.asp>. Acesso em: 13 set. 2011.

REBOUÇAS, Aldo da C.; BRAGA, Benedito; TUNDISI, José G. **Águas doces no Brasil**: capital ecológico, uso e conservação. 3. ed. São Paulo: Escrituras, 2006.

REVISTA Fórum. Disponível em: <http://www.revistaforum.com.br/>. Acesso em: 13 set. 2011.

SÃO PAULO (ESTADO). SECRETARIA DA EDUCAÇÃO/CENP. **Água hoje e sempre:** consumo sustentável. São Paulo: SE/CENP, 2004.

SOS Mata Atlântica. Disponível em: <http://www.sosmatatlantica.org.br/index.php?section=info&action=mata>. Acesso em: 9 e 12 set. 2011.

WILSON, Edward O. **Diversidade da vida**. São Paulo: Companhia das Letras, 1994.

WWF-Brasil. Disponível em: <http://www.wwf.org.br/>. Acesso em: 9 set. 2011.

YOUTUBE. Disponível em: <www.youtube.com>. Acesso em: 12 set. 2011.

7

O planeta Terra

O Universo é algo impressionante pela sua grandiosidade e mistério, pois compreende todo o espaço sideral ao qual o nosso planeta pertence, juntamente com milhões de outros astros. O fascínio que exerce leva-nos a tentar, permanentemente, desvendá-lo por meio de inúmeras missões, tripuladas ou não, já enviadas ao espaço. Seu estudo e sua exploração estão relacionados à busca por respostas sobre a origem de tudo o que existe. Além disso, o espaço sideral também já serviu de palco para acirradas disputas políticas e ideológicas durante o século XX. É sobre o espaço e sua exploração, e a Terra como planeta, que tratará este capítulo.

O tema, além de interdisciplinar, estimula a curiosidade dos alunos sobre o comportamento do planeta no espaço. Seu aprendizado é importante para aprofundar o conhecimento da relação do homem com a natureza, quando os alunos passam a entender a influência que fenômenos relacionados ao espaço exercem sobre o clima, o movimento das águas do mar, a existência dos dias e das noites, enfim, para a compreensão de acontecimentos que ocorrem na superfície da Terra.

Essa abordagem é muito relevante para o aprendizado pelos motivos já apresentados, mas também por propiciar aos alunos condições de ampliar o seu conhecimento sobre o mundo. Por estudar a natureza articulada à sociedade, a geografia escolar pode colaborar para que entendam essa relação como algo muito mais amplo do que comumente se imagina. Assim, embora seja uma ciência humana, a geografia é uma das disciplinas que apresentam a Terra no Universo aos estudantes.

Dizer aos alunos que em geografia fazemos viagens pode ser bem interessante como forma de apresentar a matéria. No caso da astronomia, a "viagem" a ser feita é muito mais vasta, mas não menos interessante, por mundos distantes e desconhecidos. Sabemos que o conhecimento científico se tornou fundamental para a compreensão dos acontecimentos da natureza; de acordo com os PCN de geografia (1998, p. 60),

> *[...] torna-se importante para o aprendizado que o aluno possa construir raciocínios lógicos sobre as leis que regulam o universo e os fenômenos naturais, reconhecendo a relevância desse conhecimento tanto para a continuidade do avanço das ciências da natureza como para sua vida prática.*

Astronomia: "Ciência que estuda os astros e, mais genericamente, todos os objetos e fenômenos celestes". (MOURÃO, 1995, p. 65).

7.1. DE ONDE VIEMOS?

> *No princípio Deus criou o céu e a Terra. A Terra estava sem forma e vazia; as trevas cobriam o abismo e um vento impetuoso soprava sobre as águas.*

> *Deus disse: "Que exista a luz!" E a luz começou a existir. Deus viu que a luz era boa. E Deus separou a luz das trevas: à luz Deus chamou "dia", e às trevas chamou "noite". Houve uma tarde e uma manhã: foi o primeiro dia. (Gn 1, 1-5). (BÍBLIA SAGRADA, 1990, p. 14).*

> *O Universo, em seu estado inicial, se apresentava de maneira bastante condensada, sofreu violenta explosão e com isso passou a se expandir originando os astros e todos os elementos que o compõem.*

> *[...] O Universo, que teve início com uma explosão luminosa, acabará na escuridão, no frio eterno, se o cosmos continuar a se expandir indefinidamente. (Teoria do Big-Bang). (MOURÃO, 1995, p. 97)*

Big-Bang: *Trata-se da hipótese mais bem aceita pela comunidade científica para explicar a origem do Universo, que teria ocorrido entre 15 e 20 bilhões de anos. (Cf. MOURÃO, 1995; MASSAMBANI ; MANTOVANI , 1997).*

Existem, como se sabe, várias tentativas de resposta para a pergunta anterior.

Em relação aos estudos astronômicos, há teorias que afirmam que asteroides poderiam ter trazido a essência da vida para a Terra e que, desse modo, nossa existência estaria associada a uma origem exógena, ou seja, proveniente de fora do planeta. Por outro lado, há as que defendem uma origem endógena (hipótese mais aceita), portanto, na própria Terra. No entanto, mesmo quando se fala em origem endógena da vida, ela estaria associada a elementos químicos voláteis que teriam origem fora da Terra, como carbono, hidrogênio, oxigênio e nitrogênio associados a outros não voláteis, como fósforo e enxofre. Esse conjunto compõe os ingredientes fundamentais encontrados nas formas conhecidas de vida.

Acredita-se que o Universo esteja em constante expansão e "com energia necessária para continuar se expandindo indefinidamente" (FRIAÇA et al., 2003, p. 21). A ideia de infinito é impressionante, mas também uma incógnita, afinal, trata-se de algo que não se pode visualizar.

A curiosidade pelo desvendamento do infinito é natural e deve ser estimulada junto aos alunos na abordagem desse tema que, com a devida contextualização, se torna um campo fértil para a construção de conhecimentos.

De novos satélites, encontrados em órbitas de determinados planetas, à definição de novas convenções pela União Astronômica Internacional, os astrônomos obtêm importantes descobertas sobre o espaço, com o desenvolvimento de pesquisas. Após a realização de novos cálculos, por exemplo, Plutão, até então um dos nove "planetas clássicos" do Sistema Solar, foi rebaixado ao título nada honroso de "planeta anão" em 2006. Essa nova condição modificou a forma de ler o Sistema Solar, que passou a ser formado por oito planetas, entre os quais, como é bem sabido, estão a Terra, dezenas de satélites, milhares de asteroides – principalmente entre as órbitas de Marte e Júpiter – e cometas.

A necessidade de respostas para muitas perguntas, como a do título desta seção, fez a humanidade tentar encontrá-las também no espaço. Foi dessa maneira, pela curiosidade humana, mas não só por causa dela, que a exploração espacial teve início e está em pleno curso.

> **ATENÇÃO**
>
> *Conforme relato de Amâncio Friaça, astrônomo e professor do Instituto Astronômico e Geofísico da Universidade de São Paulo, sobre a origem da vida ao programa Repórter Eco da TV Cultura de São Paulo, exibido em 8 de maio de 2011. Disponível em: <http://www2. tvcultura.com.br/reportereco/ materia.asp?materiaid=1352>. Acesso em: 17 out. 2011.*

União Astronômica Internacional: fundada em 1919, é uma entidade que se reúne a cada três anos e tem suas ações direcionadas para pesquisas em astronomia e astrofísica.

146 *Série* A reflexão e a prática do ensino

7.2. A CORRIDA ESPACIAL

Guerra Fria: período em que a guerra era improvável e a paz, impossível, segundo Raymond Aron (1905-1983), cientista político francês. A paz era impossível porque não se podiam conciliar os interesses capitalistas e comunistas e a guerra era improvável devido ao poder de destruição que tinham os dois lados e, no caso de um conflito generalizado, poderia ser o último. (Cf. ARBEX Jr., 1997)

ATENÇÃO

Entre os historiadores, não há consenso sobre a data em que começou e terminou a Guerra Fria. Para alguns ela teria começado em 1945, com os ataques nucleares feitos pelos Estados Unidos contra o Japão; para outros, ela teria começado em 1947, com a Doutrina Truman e, para outros ainda, em 1949, com a divisão da Alemanha. Seu término, para alguns estudiosos, data de 1989, com a queda do Muro de Berlim e, para outros, com a dissolução da União Soviética em 1991. (Cf. ARBEX Jr., 1997)

Os objetivos da exploração espacial têm relação direta com interesses geopolíticos, pois foi com a Guerra Fria (1945-1991), que a corrida aeroespacial se incrementou, colocando seus dois principais protagonistas em uma disputa que, de certa forma, envolveu todo o planeta.

O espaço é explorado com avançada tecnologia, mas mesmo assim pode-se dizer que as pesquisas se encontram apenas no início. O certo é que muita coisa ainda precisa ser descoberta. A "conquista" do espaço é objetivo do homem desde, pelo menos, 1883, quando o cientista russo Konstantín Tsiolkovski estudava a possibilidade de realizar voos interplanetários; no entanto, foi apenas em meados do século XX que tal exploração teve início.

O mundo vivia o auge da Guerra Fria quando a então União Soviética lançou ao espaço, em 1957, o primeiro satélite artificial, chamado Sputnik 1. Desde então foi dada a largada para a corrida espacial entre as duas superpotências da época, a própria União Soviética e os Estados Unidos.

Sobre o lançamento do primeiro satélite pela então União Soviética, Arbex Jr. (1997, p. 59) comenta:

> *O Sputnik 1 era apenas um aparelho rudimentar, uma esfera de alumínio de 58 centímetros de diâmetro, que pesava 84 quilos e portava um termômetro e um transmissor de rádio. Aquele pequeno instrumento, que hoje é simples peça de museu, foi suficiente para colocar o mundo capitalista em polvorosa.*

Um marco no início dessa disputa foi o célebre discurso de John Kennedy em 25 de maio de 1961, no qual prometeu que seu país levaria o homem à Lua até o final daquela década. Essa promessa do presidente norte-americano foi feita após a União Soviética levar o primeiro homem ao espaço. O cosmonauta Yuri Gagarin, em 12 de abril de 1961, foi o primeiro homem a ir ao espaço a bordo da nave Vostok I. De fato, os norte-americanos conseguiram cumprir a promessa feita pelo presidente Kennedy, mas não sem antes assistirem às inúmeras incursões dos seus inimigos ao espaço. A União Soviética, além de lançar o primeiro satélite e enviar o primeiro homem ao espaço, foi também quem enviou o primeiro ser vivo, a cadela Laika, em 1957, a bordo da nave Sputnik 2, e a primeira mulher, em 1963, Valentina V. Tereshkova (1937-). Em 1965, foi a vez de Alexei A.

Leonov (1934-) realizar a primeira caminhada espacial; um ano depois, o Luna 1, soviético, foi o primeiro veículo não tripulado a chegar à Lua. No final da década, em 1969, a missão Apollo 11, norte-americana, finalmente chegou à superfície da Lua com o astronauta Neil Armstrong.

Após os feitos dos dois países, foi somente em 2003 que outra nação conseguiu enviar um homem ao espaço e trazê-lo de volta com segurança. Tal façanha foi realizada pelo chinês Yang Lewei (1965-) que pôde circular a órbita da Terra. A Apollo 17 foi a última nave a visitar a Lua, em 1972. No início dos anos 1980, mais precisamente em 1981, os Estados Unidos inauguraram a era dos ônibus espaciais, com o Colúmbia, mas 30 anos depois, em julho de 2011, a Nasa programou o último voo de um ônibus espacial. Sua retirada de circulação ocorreu em virtude dos elevados custos e também por influência de desastres, como os que ocorreram com o Challenger, em 1986, e o Colúmbia, em 2003.

Hoje a Estação Espacial Internacional representa um dos maiores avanços da tecnologia aeroespacial, um projeto conjunto entre Estados Unidos, Canadá, Japão, Rússia – que já possuía a Mir, estação desativada em 2001 – e países europeus.

Em relação ao período da Guerra Fria e, consequentemente, da corrida aeroespacial, existem muitos filmes interessantes que podem ser usados em aula para aprofundar o tema.

Uma forma de contextualização desse conteúdo é mostrar aos alunos que a corrida espacial produziu inúmeros artefatos tecnológicos usados no dia a dia, como determinados tecidos sintéticos. No entanto, a "grande herança" foi o aperfeiçoamento das comunicações, que resultou na criação da Internet, que inicialmente foi utilizada nos Estados Unidos para organizar a defesa do país, no caso de um ataque nuclear da União Soviética, para depois se tornar uma das formas mais importantes de comunicação mundial.

As pesquisas em busca de mais informações sobre o espaço sideral não cessaram após a Guerra Fria e; mesmo quando ela já dava sinais de enfraquecimento, os Estados Unidos colocaram em órbita, em abril de 1990, o telescópio espacial Hubble, que tem aposentadoria prevista para 2014. O Hubble orbita ao redor da Terra a uma altitude aproximada de 600 km. A essa altura, ele pode captar mais e melhores imagens do Universo do que os telescópios que estão na Terra, pois seu espelho detecta "com uma visão sete vezes mais nítida, 50 vezes mais objetos celestes que qualquer observatório terrestre" (MOURÃO, 1995, p. 820).

ATENÇÃO

Consideramos importante levar os alunos a analisar e refletir sobre os acontecimentos que ocorreram naquele período histórico, pois marcaram o cenário político mundial. Decisões tomadas no auge do conflito ideológico se refletem até hoje nos papéis que desempenham os países. Um exemplo é o da Organização do Tratado do Atlântico Norte (Otan), uma aliança militar criada em 1949, cujo objetivo consiste na defesa conjunta de seus Estados membros e que ainda hoje, mais de 20 anos após o fim da Guerra Fria, segue atuando. A Otan teve participação decisiva, com ataques aéreos, na derrota do então governo líbio de Muammar Kadafi (1942-2011), no segundo semestre de 2011, perante forças rebeldes que assumiram o controle do país.

Konstantín Tsiolkovski (1857-1935): pioneiro estudioso de cosmonáutica é considerado o pai do voo espacial humano. Suas pesquisas e produção acadêmica contribuíram muito para o avanço da tecnologia aeroespacial que hoje se conhece. A exploração do espaço cósmico por meio de dispositivos de reação, obra de sua autoria publicada em 1903, é um dos primeiros estudos realizados sobre foguetes.

John Fitzgerald Kennedy (1917-1963): foi considerado uma das grandes personalidades do século passado. Seu assassinato interrompeu o que analistas afirmam que seria uma das mais importantes carreiras políticas norte-americanas. Ele governou os Estados Unidos por quase três anos apenas.

148 *Série* A reflexão e a prática do ensino

Yuri Alekseievitch Gagarin (1934-1968): foi um dos mais importantes cosmonautas soviéticos. Ao ver a Terra do espaço proferiu a famosa frase: "A Terra é azul".

Neil Alden Armstrong: (1930-) piloto de testes e aviador naval que marcou a história ao ser o primeiro homem a pisar na Lua em 20 de julho de 1969. Além de Armstrong, tripulavam a Appolo 11 os astronautas Michael Collins (1930-) e Edwin Aldrin (1930-).

Nasa: Sigla da expressão inglesa National Aeronautics and Space Administration (Administração Nacional de Aeronáutica e Espaço), também conhecida como Agência Espacial Americana. Criada em 1958 pelos Estados Unidos, é responsável pelo desenvolvimento de pesquisas aeroespaciais e exploração do espaço sideral. Fonte: NASA. Disponível em: <http://www.nasa.gov/>. Acesso em: 18 out. 2001.

ATENÇÃO

A cronologia da chegada do homem ao espaço é uma paráfrase, e tem como base os seguintes artigos: MCKIE, Robin. O rosto e o cérebro. Carta na Escola, São Paulo, n. 55, p. 14-16, abr. 2011. MARTINHO, Carlos O. Voltaremos lá? Carta na Escola, São Paulo, n. 55, p. 17-20, abr. 2011.

Resultante do intenso desenvolvimento tecnológico para fins de comunicação, previsões meteorológicas etc., a grande quantidade de satélites e demais resíduos espaciais que orbitam a Terra, aumentando a possibilidade de ocorrer choques que resultariam em ainda mais lixo espacial, tem sido motivo de crescente preocupação.

7.3. A TERRA COMO PLANETA

Com o objetivo de trabalhar as noções de orientação com os alunos, é indispensável a compreensão da Terra como planeta por meio de seus movimentos e do "papel que desempenha" no Sistema Solar. A compreensão desses aspectos os ajudará a adquirir importantes noções geográficas, como a leitura das coordenadas geográficas, a interpretação dos fusos horários, entre outros.

Nesse sentido,

> *Entender geografia implica entender a linguagem técnica de gráficos e tabelas, entender a linguagem matemática das razões e proporções, entender a física, por trás dos movimentos da Terra, entender a química da composição dos solos e das chuvas ácidas [...], não podemos negar que o conhecimento advindo da matemática e das ciências naturais torna nosso processo de ensino desta área bem mais vivo, mais próximo da realidade do aluno. (LIMA, 2011, p. 12).*

Afinal, a ideia não é permanecer somente nos conceitos de cada disciplina — no nosso caso, da geografia — mas, antes, articulá-los, para que não fiquem limitados e contribuam para que se alcance um aprendizado de conteúdos mais amplos e significativos.

A astronomia pode ser muito fascinante por abordar um mundo desconhecido, do qual pouco ainda se sabe, repleto de possibilidades de novas descobertas que envolvem assuntos com os quais grande parte dos alunos se identifica, como ficção científica e mitologia. Nesse estudo, a natureza ganha uma nova dimensão. Contudo, é no seu encontro com os estudos mais voltados para fenômenos próprios da Terra que a colaboração astronomia-geografia escolar ganha mais sentido.

Os MOVIMENTOS DA TERRA E SEUS EFEITOS

O estudo dos movimentos da Terra é importante para que os alunos compreendam a existência dos dias e das noites, a relação que possuem com o calendário, e, associados à inclinação do eixo terrestre, sua relação com a existência das estações do ano.

Como sabemos, no Universo, nada está parado. O próprio Universo, de acordo com a teoria do *Big Bang*, pode estar em expansão. A Via Láctea está em movimento, assim como as estrelas que a compõem; os planetas que giram em torno do Sol e os satélites, em torno dos planetas. Se vivemos em um planeta que se movimenta, então também estamos em movimento. Nós não sentimos a força do movimento terrestre, mas podemos ver e sentir seus efeitos sobre a vida e o ambiente.

Em uma aula, ao ouvir que estamos em movimento junto com o planeta, mas que apenas podemos ver e sentir os seus efeitos, os alunos poderão confrontar seus pontos de vista construídos cotidianamente, com os conhecimentos científicos a respeito do fenômeno, resultando em uma aprendizagem significativa.

Em um tempo remoto, acreditava-se que a Terra era o centro do Universo e que todos os outros astros giravam em seu redor. A influência da religião cristã, que confirmava essa concepção e punia até com a morte quem dissesse o contrário, permaneceu por muito tempo, até que cientistas provaram que as concepções da Igreja em relação a esse tema estavam erradas.

O movimento de rotação da Terra é feito do sentido oeste para o leste em torno de um eixo imaginário que passa pelos polos, ou seja, é o movimento que ela faz em torno de si mesma.

A duração desse movimento é de, aproximadamente, 23h, 56min e 4 segundos e tem como consequência a formação dos dias e das noites. Como a Terra tem forma arredondada e recebe luz e calor do Sol, um de seus lados fica sempre na penumbra (noite), enquanto o outro se mantém iluminado (dia). Se não existisse o movimento de rotação da Terra, ela teria um lado sempre iluminado e outro sempre escuro. O planeta possui "um diâmetro equatorial de 12.756,8 km e um diâmetro polar de 12.713,8 km" (MOURÃO, 1995, p. 829). A diferença de 43 km a mais no Equador é resultante da força centrífuga (para fora) ocasionada pelo movimento de rotação do planeta. Pode-se afirmar, com isso, que a Terra seja ligeiramente achatada nos polos.

A translação é realizada ao redor do Sol, em aproximadamente 365 dias, 5 h e 48 min, o equivalente a um ano. A fração restante de um dia, com quase 6 horas, dá origem, a cada quatro anos, ao ano bissexto, com o mês de fevereiro contendo 29 dias.

ATENÇÃO

Entre inúmeros títulos relacionados ao assunto, indicamos os seguintes:
Dr. Fantástico
• Direção: Stanley Kubrick.
• Gênero: Comédia/Guerra.
• Origem: Reino Unido.
• Duração: 93 minutos.
Adeus, Lênin!
• Direção: Wolfgang Becker.
• Gênero: Drama.
• Origem: Alemanha.
• Duração: 121 minutos.

Hubble: nome em homenagem a Edwin Hubble (1889-1953), astrônomo norte-americano que descobriu que as galáxias se afastam umas das outras, contribuindo para tese de que o Universo se encontra em expansão.

ATENÇÃO

O seguinte endereço eletrônico oferece interessantes subsídios para o trabalho pedagógico com algumas das melhores e mais espetaculares imagens astronômicas feitas pelo telescópio Hubble: ASTRONOMY Picture of the Day Archive. Disponível em: <http://apod.nasa.gov/apod/archivepix.html>. Acesso em: 12 set. 2011.

Lixo Espacial: Estima-se que existam milhares de objetos gravitando ao redor da Terra, entre os quais estão satélites desativados e restos de equipamentos já lançados e que foram destruídos. Conforme análise do Observatório Astronômico Frei Rosário da UFMG. Disponível em: <http://www.fisica.ufmg.br/OAP/Pas81.htm>. Acesso em: 15 set. 2011.

> **ATENÇÃO**
>
> De acordo com as Orientações Curriculares para o Ensino Médio das Ciências Humanas e suas Tecnologias "a aprendizagem será significativa quando a referência do conteúdo estiver presente no cotidiano da sala de aula e quando se considerar o conhecimento que o aluno traz consigo, a partir de sua vivência" (2006, p. 51).

> **ATENÇÃO**
>
> Essa ideia ficou conhecida como teoria geocêntrica, que, posteriormente, foi substituída pela teoria heliocêntrica, segundo a qual o Sol e não a Terra seria o centro de todo o sistema.

> **ATENÇÃO**
>
> O formato arredondado da Terra, com breve achatamento nos polos, recebe o nome de geoide. A ciência que estuda a forma e o tamanho da Terra é a geodesia.
> De acordo com: IBGE. Disponível em: <http://www.ibge.gov.br/home/geociencias/geodesia/default.shtm>. Acesso em: 15 set. 2011.

> **Equinócios:** correspondem aos períodos em que os raios solares atingem perpendicularmente o equador, tornando a duração dos dias igual à das noites em toda a Terra. (Cf. MOURÃO, 1995).
>
> **Solstícios:** correspondem aos períodos em que o Sol em seu movimento aparente alcança seu maior distanciamento em relação ao equador, ao norte, ou ao sul. Como efeito, os dias tornam-se mais longos no hemisfério que recebe incisivamente a luz do Sol, ocorrendo o inverso, noites mais longas, no outro hemisfério. (Cf. MOURÃO, 1995).

A inclinação de 23° 27' em seu eixo, combinada com o movimento de translação, resulta em alterações na insolação e diferenças na duração dos dias e das noites em cada hemisfério terrestre, ao longo do ano, originando as quatro estações que, no hemisfério sul, se apresentam na seguinte ordem: outono (equinócio), inverno (solstício), primavera (equinócio) e verão (solstício).

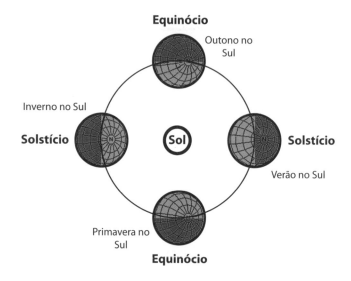

Figura 7.1 – As estações do ano. Fonte: USP – Centro de divulgação da Astronomia. Disponível em: <http://www.cdcc.usp.br/cda/producao/sbpc93/index.html#n009>. Acesso em: 12 dez. 2011.

As coordenadas geográficas

As coordenadas geográficas são referências com as quais podemos localizar com precisão um ponto na superfície da Terra a partir dos paralelos e dos meridianos. É importante que os alunos entendam como o globo foi dividido e organizado para esse fim, por meio das linhas imaginárias. Esse aprendizado também os ajuda a compreender a limitação de zonas climáticas e a abertura angular dos meridianos para leitura de fusos horários.

A partir da linha do equador, os alunos poderão perceber que os paralelos são linhas imaginárias que atravessam o globo em uma volta de 360°, e que, conforme se aproximam dos polos, vão diminuindo de tamanho. Essa observação é importante para que percebam a existência de dois hemisférios e das cinco zonas climáticas, ou térmicas, na Terra. É, portanto, a partir da linha do equador que se obtém os hemisférios norte e sul.

Do mesmo modo como existem os paralelos, os meridianos também devem ser bem analisados e ter sua importância compreendida. Com a utilização de um globo fica fácil demonstrar que se trata de linhas traçadas no sentido dos polos norte-sul e que podem ser definidas como semicirculares, pois o oposto ao meridiano é chamado de antemeridiano. Trata-se de uma linha imaginária idêntica à anterior e que completa a circunferência na Terra. Entre os meridianos não há diferença de tamanho como nos casos dos paralelos porque seus opostos também passam pelos polos.

Assim como no caso de Plutão, que deixou de ser um planeta "clássico" por meio de uma convenção, também em relação aos meridianos convencionou-se que o meridiano de Greenwich, que passa pelos arredores de Londres, capital do Reino Unido, seria o meridiano de referência.

Ainda com a utilização de um globo, os alunos poderão perceber que a incidência dos raios solares ocorre em função do eixo de inclinação do planeta. A obliquidade faz com que nas regiões com maior latitude a camada de atmosfera a ser atravessada seja maior, fator que ajuda a explicar as temperaturas mais baixas nessas regiões.

Por meio de um planisfério, pode-se perceber como as coordenadas são importantes para a localização de um ponto específico na superfície terrestre. A latitude (medida em graus a partir do equador a qualquer ponto da superfície) combinada com a longitude (também medida em graus a partir do meridiano de referência a qualquer ponto da superfície) dá a localização exata do que se pretende encontrar.

Os fusos horários

Por meio do movimento de rotação da Terra e dos meridianos com abertura angular de 15° os alunos poderão perceber e compreender como ocorrem e qual é a importância dos fusos horários. Trata-se de um tema crucial para entender as diferenças de horário existentes na Terra.

As faixas territoriais longitudinais delimitadas por meridianos foram, por convenção, divididas em 24 fusos. Como a Terra perfaz 360° e cada fuso possui 15°, o dia terrestre resultou, obviamente, em 24 horas.

Para que entendam o porquê de no oriente a hora ser mais adiantada, é necessário explicar que a Terra gira de oeste para leste e que é esse "detalhe" que permite que a hora esteja mais adiantada no oriente.

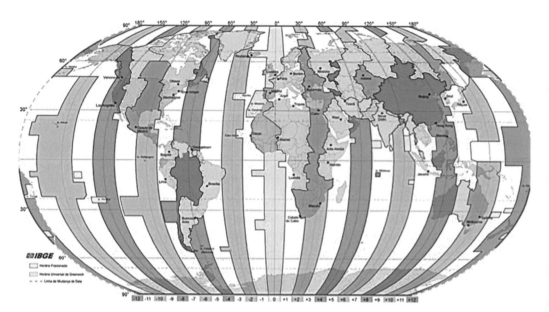

Figura 7.2 – Os fusos horários. Fonte: Adaptado do Atlas Geográfico Escolar/IBGE, p. 35.

Com o uso de um mapa é possível demonstrar que as delimitações estabelecidas pelos meridianos não pode ser seguida à risca, pois se isso acontecesse, em vez de ajudar, os fusos certamente atrapalhariam na organização de determinados territórios menores, que poderiam ter mais de um horário oficial, o que não seria, de maneira alguma, viável.

O meridiano de referência, Greenwich, possui seu antemeridiano conhecido como linha internacional da data que determina a mudança da data civil em todo o planeta. Quem a atravessa de leste para oeste deve somar um dia no calendário e, no sentido contrário, diminuir um dia. Assim, como no caso dos fusos em que o limite de 15° é modificado por conveniências geográficas, a linha internacional da data também sofre distorções a fim de posicionar certos territórios em um mesmo dia, evitando, desse modo, localizações parciais a leste ou a oeste.

7.4. A LUA

Por se tratar do único satélite natural da Terra, consideramos importante apresentar uma breve abordagem a seu respeito. Com isso, os alunos poderão entender a ocorrência das fases da lua e de um dos mais espetaculares fenômenos que natureza pode proporcionar: os eclipses.

A Lua, único satélite natural da Terra, com diâmetro de 3.480 km, não possui atmosfera nem luz própria. Está distante, em média, 384 mil km, sendo o corpo celeste mais próximo do nosso planeta.

A Lua também apresenta movimento de rotação (ao redor do próprio eixo), que é feito no mesmo período de tempo que o movimento de revolução (ao redor da Terra). Isso faz que ela esteja sempre com a mesma face voltada para a Terra. O outro lado da Lua, chamado de face oculta, ficou conhecido pelo homem em 1959, por meio de fotografias feitas pela sonda soviética Lunik-3 (Cf. MOURÃO, 1995).

Para quem está na superfície terrestre, o aspecto da Lua muda periodicamente. De acordo com a posição em que ela se encontra no espaço, pode-se observar uma das fases lunares. Quando é possível vê-la iluminada por inteiro, diz-se que é Lua cheia. Após esse período, que dura uma semana, inicia-se a fase chamada de quarto minguante. Depois de mais uma semana, ela praticamente desaparece, iniciando a fase da Lua nova. Nesse caso, é a Lua que se encontra entre a Terra e o Sol, ficando iluminada apenas a sua face oculta. Depois da Lua nova, ela começa a ser vista novamente com a superfície visível passando a receber luz. É o início da fase de quarto crescente, que levará novamente à fase da Lua cheia, dando continuidade ao ciclo.

Em conjunto, a Lua, a Terra e o Sol produzem um dos mais fantásticos fenômenos da natureza: os eclipses, que consistem no obscurecimento total ou parcial de um astro.

O eclipse solar ocorre quando o Sol, a Lua e a Terra, nessa ordem, encontram-se alinhados. A Lua passa entre o Sol e a Terra, encobrindo a estrela para quem a observa da Terra. O eclipse lunar ocorre quando o Sol, a Terra e a Lua, nessa ordem, encontram-se alinhados. A Terra fica entre o Sol e a Lua. A sombra terrestre é então, projetada sobre seu satélite natural, que obscurece.

A Lua também exerce influência sobre as águas do mar, por meio da força gravitacional, provocando o fenômeno das marés.

> **ATENÇÃO**
>
> *O eclipse será solar total se o Sol for totalmente encoberto; solar parcial, se apenas uma parte do Sol for encoberta e solar anular se um anel brilhante em torno do centro do Sol puder ser observado. (Cf. FRIAÇA et al. 2003)*

> **ATENÇÃO**
>
> *Se a Lua ficar totalmente na sombra da Terra, diz-se que houve um* eclipse lunar umbral total; *Se apenas uma parte da Lua ficar obscurecida pela sombra terrestre então haverá um* eclipse lunar umbral parcial. *Se a Lua entrar completamente na penumbra da Terra, ocorrerá eclipse penumbral total; no caso de apenas uma parte, eclipse penumbral parcial. (Cf. FRIAÇA et al. 2003)*

Maré: movimento periódico ascendente e descendente das águas do mar, produzido pela ação conjunta da Lua e do Sol.

7.5. TRABALHANDO OS TEMAS COM OS ALUNOS

a. Atividade 1: Olhando para o céu.

Esta atividade tem por objetivo pôr em prática algo pouco comum e difícil de fazer em regiões urbanizadas: observar o céu. Entre os motivos que atrapalham a observação do céu, está o fato de, em áreas urbanas, ter-se pouca visibilidade por causa da existência de grande quantidade de luz artificial.

Entendemos que conduzir os alunos a essa prática torna-se muito interessante para que o tema estudado ganhe mais sentido.

Ao observar o céu a olho nu, é possível ver nitidamente, além das milhares de estrelas e alguns planetas, a Via Láctea e, com sorte, um ou mais meteoros. Com a ajuda de um mapa celeste é possível localizar as constelações, estudar suas respectivas localizações e o movimento aparente do céu.

b. Objetivos: Ler e interpretar alguns fenômenos celestes; reconhecer os principais astros e constelações.

c. Desenvolvimento:

Módulo 1: Por meio de um mapa celeste, recomende aos alunos uma atenta observação de seus componentes. Solicite que observem com atenção as diferenças existentes entre o céu boreal e o céu austral a fim de compararem a composição de cada um deles. Demonstre a localização do Cruzeiro do Sul e fale sobre sua importância para a localização geográfica.

Divididos em grupos, peça para que elejam e marquem as constelações do céu austral que mais despertaram interesse (estabeleça um limite de constelações para cada grupo) e proponha que pesquisem informações básicas a seu respeito, como sua história, e como, quando, por quem foram identificadas; quando e onde podem ser mais bem observadas etc. Estabeleça um prazo para a realização da pesquisa.

Módulo 2: Com a realização das pesquisas, os alunos ganharão mais familiaridade com o céu. Oriente-os então para o próximo passo, que será a sua observação propriamente dita. A utilização de um mapa celeste impresso ajudará na realização da atividade.

Recomende que observem nascimento da Lua Cheia desde o seu primeiro dia (organize as atividades com base no calendário para que coincida com essa fase da Lua) e acompanhem o seu nascimento durante, pelo menos, três dias, a fim de registrar os horários em que o satélite da Terra apareceu no horizonte. Deverão também localizar os polos celeste e geográfico sul a partir da constelação do Cruzeiro do Sul.

A observação celeste permite múltiplas possibilidades de ação que normalmente aguçam bastante a curiosidade dos alunos, sobretudo em relação à identificação de planetas. Sabendo-se que são cinco os planetas visíveis a olho nu, os alunos poderão pesquisar sobre a localização, os aspectos gerais conhecidos, as possibilidades de vê-los com mais facilidade etc.

Em aula, discutam os resultados das atividades.

d. Avaliação: Peça para que os alunos escrevam a respeito do que aprenderam e descrevam a experiência de observar e analisar alguns fenômenos celestes.

a. Atividade 2: A origem e o destino do Universo.

b. Objetivos: Analisar e discutir a origem e o futuro do Universo sob as óticas científica e cultural.

c. Desenvolvimento:

Módulo 1: Como teria surgido tudo o que existe?

Realize um debate com os alunos sobre essa questão. Trabalhe para que percebam que há muitos pontos de vista a esse respeito.

Em grupos, os alunos pesquisarão narrativas sobre o surgimento do Universo em culturas distintas. Há inúmeras que podem ser estudadas e apresentadas em aula, como mesopotâmica, chinesa, egípcia, grega, africanas, indígenas, entre outras (sugerimos para a realização dessa pesquisa a exclusão da narrativa judaico-cristã por já ser do conhecimento de todos, ou, pelo menos, da maioria).

A proposta é que, em aula, todos discutam essas narrativas e as comparem entre si e com a teoria do *Big Bang*.

Chegou-se a uma conclusão?

Módulo 2: Para onde vai o Universo?

Tendo uma ideia de como o Universo poderia ter surgido, pergunte agora aos alunos se já pensaram em qual será o destino que teremos. Lembre-os de que sempre buscamos desvendar o espaço com o objetivo de descobrir algo novo que pudesse responder às inquietações humanas. Discutam esse tema.

> **ATENÇÃO**
>
> *As páginas da Internet a seguir contêm ótimos guias, verdadeiros planetários, para ajudar a ler o céu e identificar, em tempo real, os eventos que estão ocorrendo. A partir dessas páginas, podem-se fazer gratuitamente downloads de programas e, com eles, visualizar o céu a partir de qualquer ponto da Terra. Possuem versões em português: STELLARIUM. Disponível em: <http://www.stellarium.org/>, e ASTRONOMY in your hands. Disponível em: <http://astronomyinyourhands.com/index.html>. Ambas com acesso em: 29 set. 2011.*

Peça, agora, que realizem uma pesquisa sobre teorias que discutam o possível destino ou as possibilidades de um fim para o Universo, científicas ou não. A proposta é que, em aula, todos discutam essas teorias e as comparem.

Qual a conclusão?

d. Avaliação: Com o objetivo de organizar uma mostra das diferentes formas de ver a origem e o destino do Universo, os alunos confeccionarão trabalhos para serem expostos na escola. Cada grupo poderá, com o auxílio dos professores (aqui sugerimos também a participação do professor de artes), elaborar uma forma de expressão que melhor represente a ideia que será apresentada.

a. Atividade 3: Lendo e se orientando com o mapa-múndi.

b. Objetivos: Orientar-se com o mapa-múndi; compreender a representação dos hemisférios norte e sul.

c. Desenvolvimento:

Módulo 1: Exponha dois mapas-múndi durante a aula. Mostre-os na vertical para que os alunos os visualizem e possam compará-los. Um deve ser exposto da maneira como normalmente estamos acostumados a ver (com o norte "acima") e outro invertido. Pergunte a eles se há algum erro na forma de expor algum dos mapas. Comente as respostas e os argumentos.

Peça que cada aluno escolha, no mínimo, três países e os localizem, identificando se estão no norte ou no sul e no leste ou no oeste do mapa. Durante essa atividade deve ficar claro para eles que não existe "parte de cima" e/ou "parte de baixo" no globo.

Solicite também que pesquisem os motivos que justificam o fato de a Europa, por exemplo, estar localizada aparentemente no alto e centralizada no planisfério.

Módulo 2: Utilizando os países anteriormente escolhidos e munidos de um mapa-múndi político, peça que calculem e apresentem a posição absoluta (coordenada geográfica) da capital de cada um deles.

Ao trabalharem com o sistema de coordenadas geográficas, os alunos deverão, ainda, explicar, no caderno, diferenças e similaridades entre latitude e longitude.

Módulo 3: Mostre aos alunos que o movimento aparente do Sol é uma ótima forma de se orientar.

Em grupos, com a utilização de uma rosa dos ventos, que poderá ser confeccionada em aula, individualmente, os alunos deverão escolher um local da escola (preferencialmente um local amplo) e a partir desse ponto demonstrar em que direção estão os pontos cardeais. A partir dessa identificação, eles devem registrar, em seus cadernos, a direção aproximada em que se encontram pontos de referência do bairro, como um determinado comércio, uma estação, uma rua importante, um parque etc.

Peça que repitam a atividade em casa.

d. Avaliação: Em um mapa-múndi como no exemplo a seguir, demarque pontos para que os alunos localizem as coordenadas geográficas.

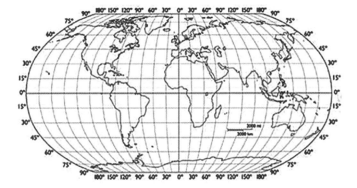

Em virtude das possibilidades de se ler o mundo a partir de outra perspectiva é que apresentamos a mapa "invertido". Consideramos interessante trabalhar com os alunos essa outra imagem do planisfério a fim de possibilitar ampla discussão de seus sentidos. A utilização de um ou outro modelo fica a critério do professor.

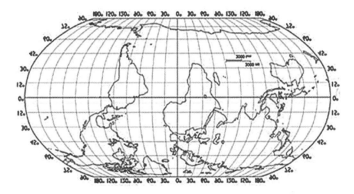

Figura 7.3 e 7.4 – *Figuras 7.3 e 7.4 – Mapas-múndi com coordenadas geográficas.*

a. Atividade 4: Trabalhando com fusos horários.

b. Objetivo: Ler e interpretar os fusos horários.

c. Desenvolvimento:

Módulo 1: Com o auxílio de um mapa-múndi de fusos horários, peça que os alunos observem atentamente os limites políticos dos países e analisem "os desvios" que os fusos sofrem. Faça perguntas a eles a respeito de tais distorções e questione: o que poderia justificá-las?

Em seguida, eles deverão calcular as diferenças horárias entre cidades selecionadas, a critério do professor.

Módulo 2: Com o auxílio de um globo terrestre, demonstre o movimento de rotação da Terra. Sugerimos que utilize a clássica forma de representação, com o auxílio de uma lanterna iluminando um dos lados do globo.

Peça aos alunos que descrevam o que a representação significa e quais são os seus efeitos em países muito extensos como o Brasil. Depois, com um mapa do Brasil, eles deverão localizar as regiões que estão fora do horário de Brasília e, com um mapa-múndi, fazer o mesmo com outros países, pelo menos três, que possuam mais de um fuso horário.

d. Avaliação: Peça que os alunos assistam aos noticiários e atentem para as notícias internacionais. Solicite, então, que anotem o nome de, pelo menos, cinco países e/ou cidades (ou a critério do professor) que foram tema de notícia na TV, no rádio, na Internet etc., que os localizem no mapa e calculem o horário em cada um deles, tendo como referência a hora oficial do Brasil.

7.6. PARA FINALIZAR

Trabalhar com astronomia exige um preparo adicional de nós, professores de geografia, com aprofundamento de certos conhecimentos das ciências da natureza, mas que, certamente, poderá ser muito enriquecedor. Proponha desenvolver algumas atividades juntamente com o professor de ciências. A curiosidade das crianças sobre o tema é quase tão grande quanto se supõe que seja o Universo. Tire proveito disso durante as aulas.

A tecnologia aeroespacial é muito cara, são gastos bilhões de dólares para o desenvolvimento de pesquisas que resultam em equipamentos que permitem a aventura espacial humana, como a ida à Lua e o envio de satélites e sondas ao espaço, entre outros. Do ponto de vista tecnológico, não há dúvida de que esse desenvolvimento é um grande acontecimento. No entanto, como sabemos, também há muito que fazer aqui na Terra, e se trata de coisas mais simples e bem mais baratas para milhões de pessoas, mas que, por alguma razão, ainda não foram resolvidas.

Ao trabalhar temas que envolvam o desenvolvimento da tecnologia aeroespacial com os alunos, procure mostrar a eles também o outro lado que aflige a humanidade. A preocupação social, a nosso ver, deve ser objeto de permanente análise nas aulas de geografia, e certamente contribuirá para uma formação mais crítica e consciente da realidade para os nossos alunos.

7.7. SUGESTÕES DE LEITURA

ARBEX JR. José. **Guerra fria**: terror de Estado, política e cultura. 1. ed. São Paulo: Moderna, 1997.

BRASIL. SECRETARIA DE EDUCAÇÃO BÁSICA. **Orientações curriculares para o ensino médio**: ciências humanas e suas tecnologias. Brasília: MEC/SEB, 2006.

BRASIL. SECRETARIA DE EDUCAÇÃO FUNDAMENTAL. **Parâmetros Curriculares Nacionais**: geografia. Brasília: MEC/SEF, 1998.

FRIAÇA, Amâncio C. S. et al. (Orgs.). **Astronomia**: uma visão geral do Universo. 2. ed. São Paulo: Edusp, 2003.

GARLICK, Mark A. **O universo em expansão**: do Big Bang aos dias de hoje. 2. ed. São Paulo: Publifolha, 2010.

LIMA, Luiz. Trabalhando com fusos horários no ensino fundamental e médio. **Geografia**: conhecimento prático. São Paulo, n. 39, p. 8-13, ago. 2011.

MARTINS, Roberto de A. **Universo**: teorias sobre sua origem e evolução. 5. ed. São Paulo: Moderna, 1997.

MOURÃO, Ronaldo R. de F. **O livro de ouro do Universo**. 3. ed. Rio de Janeiro: Ediouro, 2001.

NICOLINI, Jean. **Manual do astrônomo amador**. 3. ed. Campinas: Papirus, 1991.

STEPHANIDES, Menelaos. **Os deuses do Olimpo**. São Paulo: Odysseus, 2001.

WELLS, Herbert. G. **A guerra dos mundos**. São Paulo: Nova Alexandria, 2000.

7.8. BIBLIOGRAFIA

ARBEX JR. José. **Guerra fria**: terror de Estado, política e cultura. 1. ed. São Paulo: Moderna, 1997.

ASTRONOMY in your hands. Disponível em: <http://astronomyinyourhands.com/index.html>. Acesso em: 29 set. 2011.

ASTRONOMY Picture of the Day Archive. Disponível em: <http://apod.nasa.gov/apod/archivepix.html>. Acesso em: 12 set. 2011.

ATLAS GEOGRÁFICO ESCOLAR/IBGE. 4. ed. Rio de Janeiro: IBGE, 2007.

BÍBLIA SAGRADA: EDIÇÃO PASTORAL. São Paulo: Paulinas, 1990.

BRASIL. SECRETARIA DE EDUCAÇÃO BÁSICA. **Orientações curriculares para o ensino médio**: ciências humanas e suas tecnologias. Brasília: MEC/SEB, 2006.

BRASIL. SECRETARIA DE EDUCAÇÃO FUNDAMENTAL. **Parâmetros Curriculares Nacionais**: geografia. Brasília: MEC/SEF, 1998.

CARDOSO, Walmir. **Utopia do espaço sideral**. São Paulo: Brasiliense, 1989.

FRIAÇA, Amâncio C. S. et al. (Orgs.). **Astronomia**: uma visão geral do Universo. 2. ed. São Paulo: Edusp, 2003.

IBGE. Disponível em: <http://www.ibge.gov.br/home/geociencias/geodesia/default.shtm>. Acesso em: 15 set. 2011.

LIMA, Luiz. Trabalhando com fusos horários no ensino fundamental e médio. **Geografia**: conhecimento prático. São Paulo, n. 39, p. 8-13, ago. 2011.

MARTINHO, Carlos O. Voltaremos lá? **Carta na Escola**, São Paulo, n. 55, p. 17-20, abr. 2011.MASSAMBANI, Oswaldo;

MASSAMBANI, Oswaldo; MANTOVANI, Marta S. M. (Orgs.). **Marte**: novas descobertas. São Paulo: Diagrama & Texto-IAG/USP, 1997.

MCKIE, Robin. O rosto e o cérebro. **Carta na Escola**, São Paulo, n. 55, p. 14-16, abr. 2011. (Tradução: Luiz Roberto Mendes Gonçalves).

MOURÃO, Ronaldo R. de F. **Dicionário enciclopédico de astronomia e astronáutica**. 2. ed. Rio de Janeiro: Nova Fronteira, 1995.

NASA. Disponível em: <http://www.nasa.gov/>. Acesso em: 18 out. 2001.

OBSERVATÓRIO Astronômico Frei Rosário – UFMG. Disponível em: <http://www.fisica.ufmg.br/OAP/Pas81.htm>. Acesso em: 15 set. 2011.

STELLARIUM. Disponível em: <http://www.stellarium.org/>. Acesso em: 29 set. 2011.

TEIXEIRA, Wilson (*et al.*) Orgs. **Decifrando a Terra**. São Paulo: Oficina de Textos, 2000.

TV Cultura de São Paulo. Repórter Eco, exibido em 8 de maio de 2011. Disponível em: <http://www2.tvcultura.com.br/reportere-co/materia.asp?materiaid=1352>. Acesso em: 17 out. 2011.

USP – Centro de Divulgação da Astronomia. Disponível em: <http://www.cdcc.usp.br/cda/producao/sbpc93/index.html#n009>. Acesso em: 12 dez. 2011.

8

População

A geografia da população é um importante tema para se discutir com os alunos a realidade de vários povos, tanto do ponto de vista demográfico, quanto pelo natural enveredamento por outros assuntos, que normalmente surgem com sua abordagem. Nesse sentido, estudar as taxas de crescimento demográfico e seus efeitos, os conceitos de população relativa e absoluta, os índices de desenvolvimento humano e, até mesmo, discutir ideias preconceituosas, como as concepções de "raça pura", se torna necessário à compreensão mais aprofundada da realidade de milhões de pessoas em todo o mundo.

8.1. CRESCIMENTO DEMOGRÁFICO

Para um bom entendimento dessa questão é necessário que o professor discuta com os alunos as grandes transformações que vêm ocorrendo nas populações brasileira e mundial, como a diminuição do ritmo das taxas de natalidade, a reorganização familiar, entre outros, que têm mudado o perfil da população. Por essas razões, se faz necessário ajudar o aluno a compreender os aspectos que regulam o comportamento do crescimento populacional e as substanciais mudanças que revelam, por exemplo, novas condições à participação feminina no mercado de trabalho e como provedora familiar.

De acordo com estimativas da Organização das Nações Unidas (ONU), a população do mundo chegou a 7 bilhões de pessoas em outubro de 2011, com um crescimento médio anual de aproximadamente 1,1%, previsto para o período entre 2010 e 2015, como se pode observar na tabela a seguir.

Taxa média de crescimento demográfico por período em países selecionados em %						
Período	2000-2005	2005-2010	2010-2015	2015-2020	2020-2025	2045-2050
Mundo	1.24	1.17	1.10	1.00	0.88	0.36
Afeganistão	3.79	3.85	3.18	2.80	2.70	1.70
Eritreia	4.12	3.24	2.94	2.36	2.05	1.27
Cingapura	1.49	1.19	0.92	0.64	0.55	-0.38
Indonésia	1.31	1.16	0.98	0.80	0.70	0.10
Nicarágua	1.34	1.31	1.47	1.29	1.10	0.24
Bulgária	-0.66	-0.72	-0.80	-0.87	-0.96	-1.24
Lituânia	-0.45	-0.53	-0.44	-0.47	-0.55	-0.69
Noruega	0.66	0.62	0.60	0.59	0.58	0.27

Fonte: UNITED Nations. Disponível em: <http://www.un.org/esa/population/publications/wpp2006/WPP2006_Highlights_rev.pdf>. Acesso em: 14 nov. 2011.

De acordo com os dados, podemos observar que Afeganistão e Eritreia apresentam crescimento bastante elevado; Cingapura e Indonésia possuem crescimento semelhante ao da média mundial, ao passo que Bulgária e Lituânia exibem, há mais de 10 anos, crescimento natural negativo. Embora todos os países analisados apresentem previsão de queda nos níveis de crescimento demográfico, refletindo uma tendência mundial, ficam bastante evidenciados os profundos desníveis entre tais sociedades no que diz respeito às diferenças relativas ao crescimento natural.

Dados tão díspares como esses, quando apresentados aos alunos, os ajudarão a entender melhor o mundo e a perceber suas causas na atualidade. Por essa razão, é importante que o professor, ao trabalhar esse tema, procure analisar os fatores essenciais à sua compreensão, como as diferentes culturas, níveis de escolaridade e de informação, acesso a métodos contraceptivos e outras necessidades básicas fundamentais à vida das pessoas.

O crescimento demográfico, também chamado de crescimento natural ou vegetativo, corresponde à diferença existente entre o número de nascimentos e o número de mortes de um determinado país ou região; embora seja o principal fator, não é único que influencia no aumento ou diminuição da população. Migrações, pandemias, guerras etc., como se sabe, também contribuem para determinar a sua evolução.

Como já dissemos, é importante entender que as sociedades apresentam diferentes níveis de desenvolvimento sob vários aspectos, como econômico, social, educacional, cultural etc.

A comparação de outros dados entre dois dos países constantes da tabela anterior ajuda-nos a entender melhor tais diferenças:

> **ATENÇÃO**
>
> *No seguinte endereço eletrônico, é possível acompanhar, em tempo real, várias estimativas demográficas e a respeito do comportamento da população mundial, entre as quais a quantidade de nascimentos e de mortes, informações de saúde, de consumo de energia, de alimentação, entre outras. É bem interessante para trabalhar com os alunos. WORLDoMeters. Disponível em: <http://www.worldometers. info/br/>. Acesso em: 14 nov. 2011.*

Países	Pop. (milhões de hab.) - 2011	Expectativa de vida	Filhos por mulher	Taxa de Alfabetização %, 2011	Renda *per capita* US$ - 2009
Eritreia	5,4	60,2 anos	4,5	60,5	747
Noruega	4,8	80,9 anos	1,8	99	59.300

Fonte: ONU. Estimativas 2010-2015.

> **ATENÇÃO**
>
> *Em 1990 a Organização das Nações Unidas criou o Índice de Desenvolvimento Humano (IDH) que mede o bem-estar da população dos Estados avaliados. O IDH baseia-se em três variáveis: expectativa de vida, taxa de alfabetização e renda per capita.*
>
> *Todos os dados do IDH 2011 estão no site: HUMAN Development Reports. Disponível em: <http://hdr.undp.org/en/media/HDR_2011_EN_Tables.pdf>. Acesso em: 14 nov. 2011.*

Os números revelam duas sociedades muito diferentes entre si, em se tratando do Índice de Desenvolvimento Humano que apresentam. A Noruega é a primeira colocada, com IDH de 0,943, considerado muito alto, e a Eritreia ocupa a posição 177[a], com IDH 0,349, considerado baixo. Foram avaliados 179 países.

Em geral a população dos países considerados subdesenvolvidos apresenta crescimento populacional mais elevado, ao contrário dos países considerados desenvolvidos, como alguns que chegam a apresentar crescimento negativo. Essa situação tem provocado, além da diminuição, o envelhecimento progressivo de suas populações, que, aliado à maior expectativa de vida ao nascer, aumenta o contingente de idosos na estrutura etária da população. No entanto, não são todos os países com elevado IDH que possuem crescimento populacional estagnado. Os Estados Unidos são um bom exemplo de país que continuará a ter crescimento demográfico acima da média dos países ricos em virtude da migração regular que recebe. (Cf. BONIFACE; VÉDRINE, 2009).

Em um país natalista como o Brasil, pode soar estranho que em outros países a população apresente decréscimo. Estimativas apontam para uma diminuição de cerca de 16 milhões de pessoas na Europa entre 2005 e 2050 e de 18 milhões no Japão no mesmo período (Ibid., 2009).

Com uma análise mais cuidadosa, pode-se perceber que são vários os fatores que explicam a severa diminuição do ritmo de crescimento de parte da população mundial. Entre esses fatores está o fato de as pessoas, principalmente as que vivem em cidades, terem optado por um estilo de vida bem diferente do de décadas passadas. Estudos da ONU apontam que há um número crescente de pessoas no mundo que optam por viverem sozinhas e não terem filhos.

Outro importante fator que desacelerou o crescimento populacional foi a progressiva emancipação feminina, já que a maioria das mulheres há poucas décadas não trabalhava fora de casa e tinha como função principal o cuidar dos filhos. Mesmo quando solteiras, proporcionalmente à população feminina, poucas mulheres trabalhavam fora de casa.

Isso mudou muito, atualmente no Brasil, por exemplo, não só os homens, mas as mulheres também têm mais acesso aos estudos e ao trabalho remunerado, o que tem provocado uma sensível mudança: as mulheres, que, no passado, tinham menos escolaridade e, no caso das casadas, dependiam de seus maridos, hoje, são mais escolarizadas e independentes, conforme o revelou o censo de 2010 do IBGE. Há ainda a difusão do uso de métodos contraceptivos que permitem o planejamento familiar.

Nos últimos mil anos a população mundial aumentou muito. Por volta do ano 1000, viviam cerca de 310 milhões de pessoas em toda a Terra. Esse número corresponde, hoje, a aproximadamente a população residente nos Estados Unidos. No ano de 1500 éramos cerca de 500 milhões, correspondendo a um aumento de 190 milhões de indivíduos; entretanto, nos 500 anos seguintes, o total de habitantes do planeta saltou para 6 bilhões, um aumento astronômico de 5,5 bilhões de pessoas.

O crescimento demográfico tão expressivo nos últimos 500 anos está relacionado a uma série de melhorias realizadas em saneamento básico, acesso a alimentação e a água potável e aos conhecimentos adquiridos pela humanidade, como novas descobertas e avanços da medicina. Embora, ainda hoje, muitas doenças não sejam curáveis, existem tratamentos eficazes para quase todas. Com isso, o homem passou a viver mais e, em muitos países do mundo atual, a expectativa de vida das pessoas supera os 80 anos de idade.

Embora atualmente o ritmo do crescimento demográfico tenha diminuído, não se pode esquecer que foi no século XX que houve a grande explosão desse crescimento, já que em 1900 éramos "apenas" 1,6 bilhão de pessoas. O extraordinário crescimento populacional verificado no século passado no Brasil e no mundo, portanto, foi impulsionado, principalmente, pelas então altas taxas de natalidade e pelo aumento da expectativa de vida.

O declínio das taxas de mortalidade, elevando a expectativa de vida, e também das taxas de natalidade tem como principal consequência o envelhecimento da população. A cada ano, o número de idosos aumenta em todo o mundo. Nos últimos 50 anos, seu número triplicou e deverá praticamente duplicar nos próximos 50.

> **ATENÇÃO**
> Dados para consulta no site: IBGE. Disponível em: <www.ibge.gov.br>. Acesso em: 17 nov. 2011.

> **ATENÇÃO**
> Sobre esses dados consultar: UNITED Nations. Disponível em: <http://www.un.org/esa/population/publications/sixbillion/sixbillion.htm>. Acesso em: 14 nov. 2011.

> **ATENÇÃO**
> Dados obtidos no site: UNITED Nations. Disponível em: <http://www.un.org/esa/population/publications/wpp2006/WPP2006_Highlights_rev.pdf>. Acesso em 14 nov. 2011.

> **ATENÇÃO**
> Estima-se que, aproximadamente, uma parcela de 25% da população mundial será composta por idosos, com mais de 65 anos, já nas próximas décadas. Tal fenômeno constituirá um desafio econômico, político e social a todos os Estados, pois exigirá uma estrutura de cuidados não existente até então. Mesmo nos países do Sul, a presença de idosos será expressiva, mas, nesse caso, a pobreza poderá agravar ainda mais a situação de vulnerabilidade das pessoas nessa faixa etária.

Participação relativa de idosos na população total do Brasil em % (2010-2050)				
Décadas	2010	2020	2030	2050
65 anos ou mais	6,83	9,23	13,33	22,71
70 anos ou mais	4,46	5,9	8,63	15,95
75 anos ou mais	2,6	3,53	5,11	10,53
80 anos ou mais	1,37	1,93	2,73	6,39

Fonte: IBGE. Disponível em: <http://www.ibge.gov.br/home/presidencia/noticias/noticia_impressao.php?id_noticia=1272>. Acesso em: 14 nov. 2011.

8.2. DENSIDADE DEMOGRÁFICA E MIGRAÇÃO

Tão importante quanto o estudo do crescimento demográfico são os conceitos de população absoluta e de população relativa. Uma forma de trabalhar esses conceitos é explorar o imaginário do aluno a partir do significado que tenha o comportamento populacional em diversas culturas. Analisar criticamente a expansão do total de habitantes de um país, por meio de suas peculiaridades, como ocorre, por exemplo, na China, é outro caminho a ser considerado. Desse modo, os diagnósticos sobre a população não podem deixar de lado as influências econômicas, políticas, culturais e religiosas que moldam comportamentos e que, por sua vez, resultam em regiões superpovoadas e complexas como o Sul e o Sudeste asiáticos e o Extremo Oriente.

Uma grande contribuição que o professor poderá dar aos seus alunos, portanto, é ajudá-los a desvendar toda essa complexidade que envolve o comportamento populacional contemporâneo e seus aspectos socioculturais.

Quando se fala em população absoluta, está se referindo ao total de habitantes existentes em um determinado país ou região. Diferentemente, como se sabe, da população relativa, que se refere à quantidade de habitantes por quilômetro quadrado (hab./km²), dado que se obtém dividindo-se a população total (absoluta) pelo território ocupado por ela.

Pode-se demostrar a diferença desses conceitos aos alunos por meio do exemplo a seguir, que consideramos muito útil para a compreensão da densidade demográfica.

Tomemos, como exemplo, um país como os Países Baixos, que possuem cerca de 16,6 milhões de habitantes (de acordo com dados da ONU). Sem dúvida, muita gente, mas pouco se comparado com as nações mais populosas do mundo, que ultrapassam os 100 milhões, por exemplo. A população dos Países Baixos chega a ser menor que a de algumas metrópoles, como São Paulo, que possui mais de 18 milhões em sua região metropolitana (IBGE, 2010). Dessa forma, pode-se afirmar que o país em questão não se constitui em um país populoso. Entretanto, quando observado o tamanho de sua área com 41,5 mil km², percebe-se que se trata de um território pequeno. Apenas para efeito de comparação, o Estado do Espírito Santo, um dos menores do Brasil, possui tamanho aproximado, mas ainda maior que o dos Países Baixos, com 46 mil km². Assim, fazendo a divisão entre população e território, chega-se à conclusão de que os Países Baixos são um país bastante povoado, com 400 hab./km², embora, como visto, não seja considerado populoso.

Comparando com o Brasil, a situação se inverte. Com aproximadamente 192,3 milhões de habitantes (IBGE, 2010), não é considerado muito povoado, embora possua onze vezes mais pessoas que os Países Baixos. A explicação está no território muito vasto, com 8,5 milhões de km², resultando em uma baixa densidade demográfica de 22,6 hab./km².

Porém, é necessário dizer aos alunos que os dados relativos à ocupação do território são meramente estatísticos. Esse número relativo ao Brasil não significa que em todos os lugares do país existam 23 hab./km², mas trata-se de uma média da distribuição da população pelo território. Há lugares no País, como na Região Norte, em que a densidade demográfica é muito menor que a média nacional; lá há apenas 4,4 hab./km², um verdadeiro vazio demográfico. Do mesmo modo há também regiões, estados e cidades com uma média muito maior que a nacional; é o caso da Região Sudeste, que possui 160,2 hab./km², constituindo-se em uma região bastante povoada e populosa.

> **ATENÇÃO**
>
> *Entre os oito estados brasileiros com menor densidade demográfica, encontram-se os sete da região Norte, com destaque para Roraima, o maior "vazio demográfico" do país, com apenas 2 hab./km². Dados obtidos no site: IBGE. Estados. Disponível em: <http://www.gov.br/estadosat/>. Acesso em: 14 nov. 2011.*

> **ATENÇÃO**
>
> *O Estado do Rio de Janeiro é a segunda Unidade Federativa do País com maior concentração populacional, apresentando 365,2 hab./km² e ficando atrás apenas do Distrito Federal, que possui astronômicos 444 hab./km². Dados obtidos no site: IBGE. Disponível em: <http://www.ibge.gov.br/estadosat/>. Acesso em: 14 de nov. 2011.*

Países mais populosos milhões de habitantes		Países mais povoados* hab./km²	
1- China**	1.355,2	1- Bangladesh	1.045,1
2- Índia	1.241,4	2- Coreia do Sul	487,6
3- Estados Unidos	313	3- Ruanda	415,4
4- Indonésia	242,3	4- Líbano	409,5
5- Brasil***	192,3	5- Países Baixos	400
6- Paquistão	176,7	6- Índia	377,6
7- Nigéria	162,4	7- Haiti	369,4
8- Bangladesh	150,4	8- Israel	365,3
9- Rússia	142,8	9- Bélgica	352,3
10- Japão	126,4	10- Japão	339,2

Disponível em: UNITED Nations Statistics Division. Disponível em: <http://unstats.un.org/unsd/demographic/products/socind/population.htm#tech>. Acesso em: 14 jul. 2011.
* exceto países com menos de 3 mil km². Exclui Taiwan.
** Inclui Taiwan, Hong Kong e Macau.
*** Dados do IBGE, 2010.

Dentre os fatores que influenciam o adensamento populacional está a migração. As migrações sempre ocorreram no mundo, pode-se dizer que faz parte da natureza humana o deslocamento voluntário entre regiões distantes, embora o deslocamento forçado tenha sido um dos principais motivos das grandes migrações internacionais contemporâneas. Conforme atestam Durand et al. (2009, p. 30):

> *Refugiados internacionais, demandantes de asilo, deslocados internos, apátridas, refugiados ambientais... O número de indivíduos que abandonam seu local de residência para sobreviver não cessa de crescer. Nas últimas dez décadas, entre 15 e 25 milhões de pessoas sofreram algum tipo de violência que as levaram a partir, na maioria das vezes, para um destino próximo, no interior das fronteiras do seu próprio Estado (deslocados), ou além dessas fronteiras (refugiados).*

As migrações sul-norte, embora sejam as mais difundidas, representam cerca de 40% do total do fluxo migratório no mundo. São mais representativos os movimentos de latino-americanos em direção aos Estados Unidos; do Magreb para o sul da Europa e também do Leste Europeu para a Europa Ocidental (Cf. DURAND et al., 2009).

Contudo, a maioria dos migrantes internacionais se desloca mesmo no eixo Sul–Sul, especialmente em regiões da África Subsaariana, do Oriente Médio e do Sul e Sudeste Asiáticos. Essa grande massa de pessoas é normalmente composta por refugiados internacionais que necessitam de asilo político, por causa de perseguições que sofrem em seus países de origem. Somados a eles, estão em crescente número os deslocados, que são obrigados, por diversas razões — mas que geralmente também envolvem questões de sobrevivência — a se mudarem dentro das fronteiras de seu próprio país.

ATENÇÃO

Sobre esse programa de imigração, consultar: IMMIGRATION et Communautés Culturelles. Disponível em: <http://www.immigration-quebec.gouv.qc.ca/placeauquebec/pt/index.php#/P%C3%A1gina_inicial>. Acesso em: 15 nov. 2011.

Embora ainda pouco significativo, o movimento migratório pode ajudar a reverter o desequilíbrio causado pelo envelhecimento da população em certos países. Um caso interessante tem sido o do programa do governo da Província de Quebec, no Canadá, que busca recrutar pessoas que tenham qualificação profissional que atendam à necessidade da demanda de mão de obra, mas que sejam jovens e pretendam ter filhos. Um claro convite ao povoamento de uma região em que as taxas de natalidade são muito baixas.

8.3. MORTALIDADE INFANTIL

A mortalidade, considerando-se a geral e a infantil, é um importante elemento de análise da dinâmica populacional.

Os dados da mortalidade infantil ajudam a revelar as condições de vida existentes em países e regiões diversas e são calculados tendo por base a quantidade de mortes que atingem as crianças com até um ano de vida, em cada grupo de mil nascidas vivas.

Trata-se de uma realidade presente em todos os países e os seus resultados estão associados a diversos fatores: condições sanitárias das famílias, como o acesso à água potável e ao saneamento básico, alimentação adequada e cuidados essenciais à saúde, entre outros. O grau de instrução da mãe também é um fator muito importante a ser considerado, pois, quanto maior seu nível de escolaridade, provavelmente melhores serão os cuidados que a criança terá.

As diferentes taxas de mortalidade infantil em países selecionados:

País	Taxa de mortalidade infantil – ‰
Cuba	6
Haiti	76
Japão	3
Libéria	107
Noruega	4
Paquistão	86
Suécia	3
Zimbábue	71

Fonte: UNITED Nations Statistics Division. Disponível em: <http://unstats.un.org/unsd/demographic/products/socind/health.htm>. Acesso em: 14 jul. 2011.

De acordo com o Fundo das Nações Unidas para a Infância – Unicef, são as crianças quem mais sofrem com os problemas socioeconômicos encontrados nos países, especialmente os mais pobres. Apesar das dificuldades, as taxas de mortalidade infantil na maioria, assim como o ritmo do crescimento populacional, estão diminuindo.

> **ATENÇÃO**
>
> Assim, se em uma determinada região morrem 37 crianças com até um ano de idade, essa taxa será representada por 37‰. A ONU, porém, também apresenta taxas de mortalidade infantil de crianças com idade abaixo dos cinco anos. Dados obtidos nos sites: UNITED Nations. Disponível em: <http://www.un.org/esa/population/publications/wpp2006/WPP2006_Highlights_rev.pdf>. UNITED Nations Statistics Division. Disponível em: <http://unstats.un.org/unsd/demographic/products/socind/health.htm>. Acessos em: 15 nov. 2011.

> **ATENÇÃO**
>
> O órgão apresenta vários estudos e ações que visam atender às necessidades da infância em todo o mundo. Dados podem ser obtidos no site: UNICEF. Disponível em: <http://www.unicef.org/>. Acesso em: 15 nov. 2011.

174 *Série* A reflexão e a prática do ensino

> **ATENÇÃO**
>
> *A respeito desse tema, Adolf Hitler, em seu livro* Mein Kampf *(Minha Luta), afirmou que o resultado do cruzamento de raças é sempre o seguinte: a) rebaixamento do nível da raça mais forte; b) regresso físico e intelectual que gera uma enfermidade cujo progresso é lento, mas seguro. Provocar semelhante coisa seria um "atentado contra a vontade do Criador". (Cf. HITLER, 1983, p. 187)*

> **ATENÇÃO**
>
> A inclusão desse termo "socialista" no nome do partido foi apenas uma manobra de Hitler para ganhar apoio popular, já que o socialismo tinha bastante apoio entre a classe trabalhadora.

> **Adolf Hitler (1889 -1944):** nascido em Braunau, Áustria, foi o Chanceler alemão entre 1933 e 1945 e conduziu a Alemanha à derrota na Segunda Guerra Mundial.

> **Ideias malthusianas:** relativas à Teoria Malthusiana, como ficou conhecido o "Ensaio Sobre a População" escrito por Thomas Robert Malthus (1766-1834). Segundo esse autor, o crescimento populacional, se não controlado, apresentaria progressão geométrica, enquanto a produção de alimentos apresentava progressão aritmética. Para entender os argumentos de Malthus, devem ser levados em conta diversos fatores como a sua formação religiosa, o contexto histórico e a situação da Inglaterra no final do século XVIII. No entanto, as previsões de Malthus não se confirmaram e suas ideias antinatalistas ganharam uma nova roupagem durante o século XX, sendo chamadas de teoria neomalthusiana.

8.4. POPULAÇÃO, CULTURA E TERRITÓRIO

Em um mundo com sete bilhões de pessoas, os povos de vários países e continentes possuem tradições culturais bastante distintas, que envolvem o modo de se vestir, de se alimentar, suas crenças, além dos traços físicos etc. É muito importante que os nossos alunos saibam essas diferenças para que aprendam a reconhecê-las e respeitá-las.

Um componente relevante em relação ao assunto é o que trata da miscigenação. Não custa lembrar que a mistura de povos não é característica exclusiva de países como o Brasil. Não há, praticamente em nenhum local do planeta, comunidades cujos membros constituam uma "raça pura". A propaganda em favor da existência de uma suposta "raça pura" foi muito difundida pelo Partido Nacional Socialista dos Trabalhadores Alemães, cujo líder, Adolf Hitler, sustentava que os alemães, chamados de arianos pelos nazistas, se constituíam como um "povo superior" aos demais, pela "condição de pureza da raça, livre de miscigenações". Essa ideia teve, como se sabe, um efeito marcante para a história, com a perseguição a todos os povos que os nazistas julgavam serem inferiores antes e durante a Segunda Guerra Mundial.

Na geografia da população, o racismo e a visão de superioridade de alguns povos sobre outros encontra respaldo em teorias antinatalistas.

Sobre essa questão convém lembrar as ideias malthusianas que foram muito difundidas durante o século XX por aqueles que acreditavam ser o elevado crescimento populacional responsável pela manutenção da condição de subdesenvolvimento em determinados países.

> *O crescimento populacional, especialmente a partir da década de 1950, nos países do Terceiro Mundo, no entender da teoria neomalthusiana, determinaria a existência de uma população excedente às possibilidades do desenvolvimento econômico desses países. E assim explicaria seu subdesenvolvimento. (DAMIANI, 2009, p. 23).*

Desse modo,

> *As políticas de controle de natalidade, valendo-se do eufemismo "planejamento familiar", atingiram e ainda atingem inúmeros países. Envolvem desde organismos*

internacionais, como a ONU – que promove periodicamente conferências sobre população –, o Banco Mundial – que dispensa recursos específicos para tal intento – até organizações públicas e privadas, de alcance mundial, especialmente norte-americanas – como a International Planned Parenthood Federation, que tem uma filiada brasileira: a Benfam, Sociedade de Bem-Estar Familiar. Envolvem também Estados nacionais, criando direta ou indiretamente políticas de planejamento familiar; organismos de informação; entidades médicas e farmacêuticas etc. (Ibid., 2009, p. 24).

Ao abordar o tema com os alunos, convém lembrar que os conquistadores europeus já haviam feito, antes de fascistas e nazistas no século XX, a expansão de seus territórios com a finalidade de "civilizar" povos colonizados e, portanto, considerados "inferiores".

O domínio físico ocorrido em tempos passados deixou significativas marcas que foram incorporadas às culturas já existentes nesses locais. Como se sabe, infelizmente, tais conquistas não levaram benefícios aos povos que viviam nesses territórios; ao contrário, causaram, em muitos lugares, como o que ocorreu na América, sua dizimação. Em muitas partes, os europeus criaram fronteiras artificiais que não respeitaram as diversidades étnicas, políticas e culturais existentes antes de sua chegada.

Etnia: conceito que envolve as ideias de nação, povo e origem, relacionadas às pessoas com características físicas e socioculturais comuns, formando um grupo ao qual possuem o sentimento de pertencimento. (Cf. CARNEIRO, p. 1994).

A esse respeito, Souza (2001, p. 17) afirma:

A história da humanidade não é feita de migrações espontâneas para áreas antes não ocupadas. Os registros dos deslocamentos populacionais mostram claramente uma superposição de povos num mesmo espaço físico, com o mais forte expulsando o mais fraco, onde não existe a lei de posse por antiguidade ou por conquista através do trabalho. E não sejamos inocentes a ponto de acreditar que isso seja coisa do passado. O colonialismo europeu está aí e, mesmo com a chamada "descolonização", ele persiste em diversos territórios ou assume as formas de um domínio econômico e político, ocultado por uma estrutura política nacional fantoche. O difícil, muitas vezes, é mensurar sua extensão.

Com o intuito de aprofundar a leitura da realidade com os alunos, consideramos importante discutir que, ao longo da história, os conflitos por territórios, sempre estiveram relacionados a diversos interesses econômicos, políticos, sociais e culturais.

Para os PCN de geografia (1998, p. 107),

Conteúdos como os dos espaços das minorias nacionais, étnicas, culturais, permitem uma abordagem de profundo significado geográfico. Isso em razão de que quase todas essas minorias têm raízes na maneira como foram, muitas vezes, "enclausuradas" no interior de certos espaços das sociedades majoritárias com os quais não se identificam e acabam desencadeando, muitas vezes, lutas sangrentas para adquirir sua autonomia territorial.

8.5. TRABALHANDO OS TEMAS COM OS ALUNOS

a. Atividade 1: Aspectos da dinâmica populacional.

b. Objetivos: Compreender o atual ritmo do crescimento natural no Brasil e avaliar suas causas e efeitos; verificar a presença de imigrantes na população brasileira e as causas da migração; analisar migrações internas; constatar diferenças entre os países no tocante às condições de vida de suas respectivas populações.

c. Desenvolvimento:

Módulo 1: Divida a turma em trios, nos quais os alunos deverão fazer as seguintes questões entre si:

Quanto filhos teve a sua avó que teve mais filhos?

Quantos filhos teve a sua mãe?

Quantos filhos você considera ideal?

Todos deverão registrar as respostas em seus cadernos e o grupo escolherá as respostas de um membro para registrá-las na lousa, em uma tabela, como no exemplo a seguir:

Quantidade de filhos em diferentes gerações			
Alunos (nomes dos escolhidos para os apontamentos)	Quantos filhos teve a sua avó que teve mais filhos?	Quantos filhos teve a sua mãe?	Quantos filhos você julga ideal?
Maria Isabel			
Pedro			
Helena			
Cláudio			
Vanessa			

Com os registros feitos, inicie a análise dos dados.

Para orientar a discussão, sugerimos algumas questões: O que os resultados apontam? As diferenças na quantidade de filhos entre as três gerações são muito grandes? Por quê? Nascem ou morrem mais pessoas por ano? Que tendência os números revelam?

Módulo 2: Discuta com os alunos, mostrando-lhes que não é apenas a diferença entre as taxas de natalidade e de óbitos que influencia no ritmo de crescimento da população, mas que a imigração também influencia.

Elabore com eles um questionário para que um imigrante ou seu descendente (filho ou neto) possa respondê-lo. Exemplos de perguntas para a realização da entrevista: De que país emigrou? Qual a razão de ter migrado? Em qual lugar do Brasil inicialmente se instalou? O que pensa do Brasil? No caso de um descendente direto (filho ou neto) ser o entrevistado, adapte as questões para que atendam à finalidade do trabalho.

Façam uma compilação dos dados e os analisem conjuntamente.

A que conclusão se chegou?

Módulo 3: Ainda a respeito da migração, oriente os alunos a pesquisar a respeito das migrações que afetaram a composição da população, analisando o momento da predominância das migrações internacionais no Brasil e também sobre as migrações internas, levantando os motivos, o período de maior ocorrência, a proveniência dos migrantes, se mais gente chegou do que saiu ao estado em que vivem e outros dados que julgarem relevantes.

Discuta os dados com a turma.

Quais foram as conclusões?

d. Avaliação: Explique aos alunos que, no passado, muitas doenças que hoje não são perigosas eram consideradas graves e até fatais porque não tinham cura, e que foi com o avanço dos conhecimentos da medicina que se tornaram possíveis a prevenção e o controle delas. Diga-lhes também que as crianças são a parcela mais vulnerável da população.

Divida a turma novamente em trios ou em grupos maiores, e, com o mapa-múndi político, cada grupo escolherá quatro países, sendo dois considerados desenvolvidos e dois subdesenvolvidos, para que, por meio de uma pesquisa, os alunos descubram as diferenças entre eles quanto às taxas de mortalidade geral e infantil e quanto a dados do Índice de Desenvolvimento Humano (IDH).

Os grupos deverão apresentar os dados coletados para discussão em aula.

Avalie a organização, participação e demonstração de conhecimento sobre o tema pesquisado.

a. Atividade 2: Populoso ou povoado?

b. Objetivos: Compreender os conceitos de população absoluta e população relativa; analisar características populacionais em países selecionados.

c. Desenvolvimento:

Módulo 1: Peça que aproximadamente 80% dos alunos ocupem um pequeno espaço dentro da sala de aula, cerca de 25% dela. Os restantes 20% deverão ocupar os 75% do espaço. A ideia é que a maioria fique "espremida" em um "canto" delimitado. Assim, avalie e relacione a quantidade de alunos ao espaço existente para que o objetivo seja alcançado. A atividade deve durar alguns minutos. De volta aos lugares, os alunos devem dizer o que sentiram com a experiência.

Utilize-a como forma de introduzir o tema proposto.

Módulo 2: Divididos em grupos e munidos do mapa político do Brasil com dados populacionais, os alunos deverão analisar a densidade demográfica das unidades federativas. Oriente cada grupo a considerar, ao menos, quatro estados, e a explanar a respeito de cada um.

Ao apresentar os dados de cada estado, eles terão de justificar cada situação e, necessariamente, distinguir os conceitos de "populoso" e "povoado".

d. Avaliação: Os alunos trabalharão com outra escala. Cada aluno fará o levantamento completo de dados de, pelos menos, quatro países: população absoluta, população relativa, taxas anuais de crescimento, de natalidade e de mortalidade geral e infantil, migrações e/ou outros, a critério do professor. Deverá compará-las e elaborar um "raio x" de sua condição demográfica.

Avalie a organização e o alcance dos objetivos propostos.

a. Atividade 3: População, cultura e território.

b. Objetivo: Analisar a situação de povos sem território em várias partes do globo.

ATENÇÃO

A critério do professor, também poderá ser utilizado o mapa virtual do IBGE para realizar a atividade. Esse mapa poderá ser obtido no site: IBGE. Disponível em: <http://www.ibge.gov.br/estadosat/>. Acesso em: 15 nov. 2011.

ATENÇÃO

Uma boa opção para ajudar na realização dessa atividade pelos alunos é o seguinte endereço eletrônico: IBGE. Disponível em: <http://www.ibge.gov.br/paisesat/>. Acesso em: 15 nov. 2011.

c. Desenvolvimento:

Módulo 1: Com um mapa-múndi político, os alunos deverão observar e comparar os "recortes" (limites políticos) dos países em dois continentes e tentar explicar por que se apresentam daquela forma. Essa comparação poderá ser feita entre quaisquer continentes. Por exemplo: entre a Europa e a África: por que a Europa, um dos menores continentes do mundo, possui tantos países? O que justifica? A mesma observação pode ser feita no mapa da África. A justificativa seria a mesma? Questione os alunos e discutam essa questão.

Qual foi a conclusão?

Módulo 2: Divididos em grupos, peça para que verifiquem, por meio de uma pesquisa, situações de povos que não tenham território formalmente reconhecido. Se preferir, apresente para os alunos exemplos para que investiguem (critério do professor): os bascos; os curdos, os catalães, os tibetanos; os ianomâmis; os palestinos; os saarianos etc.

Cada grupo deverá apresentar o resultado de seu trabalho para toda a turma, e debatê-lo. Sugestão de questões para se discutir: Por que há povos sem pátria? Qual é a razão principal para a existência dessa (específica) situação?

A que conlcusão chegaram?

d. Avaliação: Peça aos alunos que elaborem um texto em que expressem a opinião do grupo sobre o país/povo estudado.

Avalie o posicionamento dos alunos quanto à profundidade das ideias apresentadas.

8.6. PARA FINALIZAR

A geografia da população é um tema que permite a exploração de uma enorme gama de subtemas. A tentativa, aqui, foi explorar aqueles que normalmente são mais abordados pela geografia escolar. Porém, gostaríamos de destacar duas situações que, a nosso ver, merecem um pouco mais de atenção dos professores ao serem abordadas em aula:

A primeira diz respeito à migração: no Brasil, como se sabe, não é difícil encontrar pessoas de variadas ascendências europeias e asiáticas, cujos ancestrais vieram para o Brasil em um período em que o país era um atrativo para os imigrantes por oferecer mais oportunidades de trabalho e a expectativa de uma vida melhor em relação aos seus países de origem. Hoje, o Brasil, embora ainda receba imigrantes, não é mais um polo de atração de estrangeiros como foi no passado; ao contrário, nas últimas décadas a emigração tem sido maior que a imigração no país. O principal destino dos brasileiros (IBGE, 2010) são os Estados Unidos. Em geral as pessoas que se deslocam para lá o fazem em busca de melhores oportunidades de trabalho e de estudo.

A segunda está relacionada às divisões territoriais impostas em diversas partes do mundo, mas em espacial aquelas provocadas pelos colonizadores na América do Sul. Um exemplo do que está sendo dito é a situação da Nação Ianomâmi, que tem uma parte do seu território localizado no norte do Brasil e outra no sul da Venezuela. Para os ianomâmis ou qualquer outro povo que teve seu território fragmentado, será que esses limites têm significado? Consideramos de suma importância, ao estudar populações e territórios, a abordagem dos problemas históricos que também envolvem o Brasil.

Fora do Brasil, atualmente, uma das mais graves disputas de terras está relacionada à Palestina, região em que há séria indefinição a respeito da criação de um Estado Palestino, que para existir oficialmente necessita de reconhecimento internacional. Trata-se de um litígio que já dura mais de 60 anos e que é de difícil resolução, já que, em 1948, foi criado, nas terras palestinas, um novo país para a população judaica.

Pode-se dizer que os palestinos vivem enclausurados em suas próprias terras?

Há muitos exemplos que podem ser dados aos nossos alunos que envolvem população e território, a fim de que entendam a importância que possuem os limites entre os países, acompanhados do direito que um povo tem de possuir e ter respeitados sua cultura e o seu território, por meio do reconhecimento internacional.

8.7. SUGESTÕES DE LEITURA

BRASIL: SECRETARIA DE EDUCAÇÃO FUNDAMENTAL. **Parâmetros Curriculares Nacionais**: geografia. Brasília: MEC/SEF, 1998.

CARNEIRO, Maria L. T. **O racismo na História do Brasil**: mito e realidade. São Paulo: Ática, 1994.

DAMIANI, Amélia. **População e geografia**. 9. ed. São Paulo: Contexto, 2009.

MALTHUS, Thomas R. **Ensaio sobre a população**. 2. ed. São Paulo: Nova Cultural, 1986. (Col. Os economistas).

SOUZA, Álvaro José de. **Geografia linguística**: dominação e liberdade. 3. ed. São Paulo: Contexto, 2001.

8.8. BIBLIOGRAFIA

ATLAS GEOGRÁFICO ESCOLAR/IBGE. 4. ed. Rio de Janeiro: IBGE, 2007.

BONIFACE, Pascal; VÉDRINE, Hubert. **Atlas do mundo global.** São Paulo: Estação Liberdade, 2009.

BRASIL. SECRETARIA DE EDUCAÇÃO FUNDAMENTAL. **Parâmetros Curriculares Nacionais**: geografia. Brasília: MEC/SEF, 1998.

CARNEIRO, Maria L. T. **O racismo na História do Brasil**: mito e realidade. São Paulo: Ática, 1994.

DAMIANI, Amélia. **População e geografia**. 9. ed. São Paulo: Contexto, 2009.

DURAND, Marie-Françoise et al. **Atlas da mundialização**: compreender o espaço mundial contemporâneo. São Paulo: Saraiva, 2009.

GEORGE, Pierre. **Geografia da população**. 6. ed. São Paulo: Difel, 1981.

HITLER, Adolf. **Minha luta**. São Paulo: Moraes, 1983.

HUMAN Development Reports. Disponível em: <http://hdr.undp.org/en/media/HDR_2011_EN_Tables.pdf>. Acesso em: 14 nov. 2011.

IBGE. Disponível em: <www.ibge.gov.br>. Acesso em: 17 nov. 2011.

IBGE. Estados. Disponível em: <http://www.ibge.gov.br/estadosat/>. Acesso em: 14 nov. 2011.

IMMIGRATION et Communautés Culturelles. Disponível em: <http://www.immigration-quebec.gouv.qc.ca/placeauquebec/pt/index.php#/P%C3%A1gina_inicial>. Acesso em: 15 nov. 2011.

MALTHUS, Thomas R. **Ensaio sobre a população**. 2. ed. São Paulo: Nova Cultural, 1986. (Col. Os economistas).

SOUZA, Álvaro J. de. **Geografia linguística**: dominação e liberdade. 3. ed. São Paulo: Contexto, 2001.

UNITED Nations. Disponível em: <http://www.un.org/esa/population/publications/wpp2006/WPP2006_Highlights_rev.pdf>. Acesso em: 14 e 15 nov. 2011.

UNITED Nations Statistics Division. Disponível em: http://unstats.un.org/unsd/demographic/products/socind/population.htm#tech>. Acesso em: 14 jul. e 15 nov. 2011.

WORLDoMeters. Disponível em: <http://www.worldometers.info/br/>. Acesso em: 14 nov. 2011.

9

Recursos energéticos

Importante tema da geografia econômica, o estudo dos recursos energéticos, necessários para o funcionamento da sociedade como um todo, demanda o conhecimento das diferentes fontes existentes e utilizadas atualmente pela humanidade. A compreensão das matrizes energéticas, renováveis ou não, contribuirá para que os alunos percebam que elas estão diretamente relacionadas com nossos usos cotidianos, e, por essa razão, devem ser objeto de estudo a fim de que se possa apreender sua importância a cada um de nós, e, claro, também a sociedades inteiras.

O atendimento da crescente demanda por energia é uma das grandes preocupações da humanidade, pois são fundamentais para a produção industrial, no uso doméstico, para as comunicações e transportes, enfim, para realização das atividades humanas

> **Matrizes energéticas:** referem-se ao conjunto das fontes de energia disponíveis para o desenvolvimento das atividades humanas em determinado país ou região.

mais distintas em um mundo cada vez mais globalizado. Por isso, o principal desafio consiste em encontrar fontes energéticas que, além de renováveis, sejam mais baratas e menos poluentes. A preocupação com a emissão de poluentes e prejuízo ao meio ambiente, aliás, tem ocupado cada vez mais espaço na imprensa mundial, fazendo que esse tema interdisciplinar seja não só inquietação de pesquisadores, mas de toda a sociedade, não podendo, portanto, faltar nas discussões escolares também.

9.1. RECURSOS RENOVÁVEIS

BIOMASSA

Biomassa é uma fonte de energia renovável que pode ser resultante de qualquer material de origem orgânica, além de ser considerada menos poluente à atmosfera. Resíduos florestais e agrícolas, tais como sobras de madeira e bagaço de cana-de-açúcar, entre outros, lixo urbano composto por matéria orgânica etc., são exemplos de biomassa.

É indispensável que os alunos a compreendam como fonte alternativa aos combustíveis fósseis, largamente utilizados durante todo o século XX, e que são apontados por especialistas como muito poluentes. A busca por fontes energéticas que substituam gradativamente os recursos de origem fóssil é, hoje, uma preocupação mundial que envolve uma complexa dinâmica econômica, social e política.

Um dos principais benefícios do uso de biomassa como combustível está na absorção de gás carbônico da atmosfera que ocorre durante o crescimento das plantações. Por meio da cana-de-açúcar, o país tornou-se pioneiro na produção de etanol. Desse modo, é essencial que o professor contextualize a situação do Brasil como grande produtor de combustível proveniente da biomassa, e a inserção dessa matriz energética no mudo atual, em um momento em que são feitos esforços para frear a elevação do que se acredita ser o efeito estufa resultante da ação antrópica.

Também é fundamental discutir com a turma que essa opção brasileira contribuiu de maneira muito expressiva para que o País passasse a ter maior diversificação em sua matriz energética.

Muitos são os recursos energéticos aproveitados pela humanidade, mas foi com a descoberta e o domínio do fogo, por meio da queima de lenha, que essa utilização se iniciou. Embora presente nos primórdios do desenvolvimento humano, a queima da lenha, ainda hoje, é usada em muitas partes do planeta com o objetivo de cozinhar alimentos. Essa prática é comum principalmente nas regiões consideradas menos desenvolvidas e urbanizadas, já que, nas cidades, ela foi substituída, principalmente, pelo gás liquefeito de petróleo (GLP).

O uso da lenha tem apresentado queda, não só por causa do processo de urbanização, mas também por motivos ecológicos. Em muitos países em que ainda é utilizada para aquecimento de ambientes, por exemplo, a lenha provém de madeira reflorestada, cujas espécies mais utilizadas para esse fim são o pinus e o eucalipto.

Além do uso doméstico, a biomassa, como se sabe, também pode ser matéria-prima para a produção de combustíveis que recebem o nome de biocombustíveis.

O principal tipo de biocombustível é o etanol. Brasil e Estados Unidos são os maiores produtores de etanol, sendo que, no Brasil, sua produção é feita a partir da cana-de-açúcar, enquanto nos Estados Unidos produz-se etanol a partir do milho. Seu uso é crescente como alternativa aos combustíveis fósseis, e embora seja visto por muitos especialistas como uma escolha ecologicamente correta, outros a veem com desconfiança, pois afirmam que o espaço destinado ao cultivo de plantas com essa finalidade é muito grande e ocuparia a áreas destinadas à plantação de alimentos. "Porém, atualmente, a biomassa se destina, em sua maioria, aos usos não energéticos, como fabricação de papel e celulose, mobiliários etc." (REIS et al., 2005, p. 257).

Os biocombustíveis são considerados ecologicamente corretos por serem obtidos de fontes renováveis e emitirem menos poluentes na atmosfera. Dessa forma, o etanol e o biodiesel, respectivamente, apresentam vantagens em relação à gasolina e ao diesel comum.

O ETANOL NO BRASIL

O Brasil foi precursor na utilização do álcool combustível com a criação do Proálcool, nos anos 1970, como alternativa ao uso da gasolina em veículos leves. Naquele período, em decorrência de problemas políticos que afetaram a principal região produtora de petróleo do mundo, os principais países exportadores elevaram o seu preço, gerando uma crise que ficou conhecida como Primeiro Choque do Petróleo. Essa situação prejudicou países que necessitavam importar petróleo em grandes quantidades, entre os quais, o Brasil, que em 1975 importava cerca de 80% do petróleo que

Primeiro Choque do Petróleo: crise que ocorreu em 1973, quando os países membros da Organização dos Países Exportadores de Petróleo (Opep) elevaram em até 400% o preço do barril. Essa medida foi uma das consequências da Guerra do Yom Kippur, que envolveu países árabes e Israel. A elevação do preço do petróleo foi uma retaliação dos produtores aos países ocidentais que apoiaram o Estado de Israel nessa guerra.

utilizava. A produção de etanol anidro, que é misturado à gasolina, produzido a partir da cana-de-açúcar, passou então a ser a alternativa para o País.

Posteriormente, o Brasil passou a produzir carros movidos exclusivamente a álcool hidratado, que recebe pequena mistura de água na sua composição. Na década de 1980 a produção de automóveis movidos com esse combustível superou significativamente a produção de carros movidos a gasolina.

Com o aumento da demanda pelo etanol, a produção de cana-de-açúcar quadruplicou entre 1975 e 1985. Cerca de dez anos após o início de sua implantação, de acordo com a Associação Nacional dos Fabricantes de Veículos Automotores (Anfavea), mais de 90% dos carros brasileiros já eram movidos a álcool. Nos períodos posteriores a 1985, porém, observa-se uma retomada acelerada da gasolina com a baixa do preço do petróleo no mercado internacional, prejudicando a competitividade do etanol. Essa crise aumentou com a constante falta do produto nos postos e, com isso, durante a década de 1990, o País voltou a ter a ampla maioria de sua frota movida novamente a gasolina.

Entretanto, apesar da crise, a experiência com o álcool combustível ajudou o País a desenvolver importante tecnologia própria na área do refino de combustíveis, bem como na área da biotecnologia.

Passada mais uma década, o Brasil inovou novamente, com o desenvolvimento dos carros com motor bicombustível. Os chamados *flex*, movidos tanto a álcool quanto a gasolina, passaram a ser produzidos em grande escala a partir de 2003. Com o início do século XXI a frota brasileira de automóveis passou a ser gradativamente formada por carros com essa característica, elevando novamente a produção e o consumo de álcool.

A produção de cana-de-açúcar no Brasil chegou a 627,3 milhões de toneladas em 2010, representando um acréscimo de 7,1% na produção de etanol, com 27.962.558 m³. Cerca de 71% deste total referem-se ao álcool hidratado: 19.926.019 m³. Em relação a 2009, houve aumento de 4,4% na produção deste combustível. Já à produção de álcool anidro registrou-se acréscimo de 14,6%, totalizando 8.036.539 m³.

Como já dito, é importante destacar o papel ecológico da biomassa, pois os vegetais se desenvolvem utilizando a energia solar e a água, fixando o dióxido de carbono por meio da fotossíntese e liberando oxigênio. No entanto, o uso de energia proveniente da

> **ATENÇÃO**
>
> Uma nova alternativa em termos de combustível automotivo surgiu em 1990, quando, em decorrência da escassez de etanol anidro, foi introduzida no mercado brasileiro, em caráter emergencial, a mistura gasolina-etanol-metanol (7%-60%-33% em volume, respectivamente) para utilização em veículos movidos a etanol. Essa mistura foi concebida na Cetesb a partir de cálculos teóricos e de ensaios de emissão de escapamento, e aceita pela Anfavea para permitir a manutenção dos parâmetros de emissão, consumo e desempenho dos veículos em uso. Informação disponível em: <http://www.cetesb.sp.gov.br/ar/Emiss%C3%A3o-Ve%C3%ADcular/13-Combust%C3%ADveis>. Acesso em: 29 nov. 2011.

> **ATENÇÃO**
>
> *Conforme dados do Ministério da Agricultura e Abastecimento. Dados obtidos em:*
> *BALANÇO Energético Nacional. Disponível em: <https://ben.epe.gov.br/downloads/Relatorio_Final_BEN_2011.pdf>. Acesso em: 27 nov. 2011.*

biomassa ainda é bastante restrito no mundo, se comparado com outras fontes energéticas ainda mais caras e poluentes.

Além da cana-de-açúcar, outras fontes de recursos de biomassa têm sido recentemente testadas em laboratórios brasileiros, com a finalidade de se produzir combustível. Entre essas fontes estão a mamona, a soja e o dendê. Pesquisas realizadas pela Petrobras revelaram que o dendê é o mais eficiente em termos de produtividade, já que um hectare dessa planta pode produzir 20 mil litros de biodiesel, quantidade bem acima dos seus "concorrentes".

Hidroeletricidade

Ao se tratar de matriz energética em aulas de geografia, torna-se inevitável discutir a produção de eletricidade proveniente da força hidráulica. As usinas hidrelétricas são responsáveis pela produção de mais de 80% da energia utilizada no Brasil, de modo que, em uma visão pedagógica, a apreensão de sua importância pelos alunos torna-se essencial.

A energia hidráulica é um recurso utilizado há muito tempo, mas sua difusão somente ocorreu, na Europa, no século XVIII, por meio de sistemas de moinhos hidráulicos, a fim de bombear água, triturar grãos etc. Somente no final do século XIX, com a descoberta da eletricidade, foi que o aproveitamento da energia hidráulica contida nos cursos d'água passou a ser feito em usinas hidrelétricas. (Cf. REIS et al., 2005)

Tais usinas, cujo aproveitamento necessita da construção de barragens e reservatórios, utilizam a diferença de energia potencial existente entre o nível de água a montante e a jusante para gerar eletricidade. A água usada para produzir energia elétrica é retirada do reservatório e é conduzida à casa de máquinas por meio de tubulações – os condutos. Ao atingir a casa de máquinas, toda energia potencial é transformada em energia cinética utilizada para girar uma turbina que transforma a energia cinética em energia mecânica. Um gerador acoplado ao eixo da turbina transforma a energia mecânica em elétrica. (Ibid., 2005).

As usinas hidrelétricas representam uma parcela importante da produção de energia elétrica no mundo, cerca de 16%. No Brasil, o percentual, embora seja bem maior, com 83,2%, ainda está muito aquém da capacidade estimada que o País possui de gerar energia por esse meio. Em território brasileiro, há apenas 30% de capacidade instalada, revelando o enorme potencial hidráulico a ser explorado.

> **ATENÇÃO**
>
> De acordo com dados publicados por: AGÊNCIA Nacional de Energia Elétrica (Aneel). Disponível em: <http://www.aneel.gov.br/arquivos/PDF/atlas_par2_cap3.pdf>. Acesso em: 29 nov. 2011.

PARTICIPAÇÃO DA HIDROELETRICIDADE NA PRODUÇÃO TOTAL DE ENERGIA ELÉTRICA

País	%
Noruega	98,5
Brasil	83,2
Venezuela	72,0
Canadá	58,0
Suécia	43,1
Rússia	17,6
Índia	15,3
China	15,2
Japão	8,7
Estados Unidos	7,4
Outros países	14,3
Mundo	16,4

Fonte: AGÊNCIA Nacional de Energia Elétrica (Aneel). Disponível em: <http://www.aneel.gov.br/arquivos/PDF/atlas_par2_cap3.pdf>. Acesso em: 30 nov. 2011.

Como não utiliza combustíveis fósseis e tampouco material radioativo, a produção de energia elétrica por meio desse tipo de usina oferece menos riscos, embora também possa provocar grandes impactos ambientais. A necessidade de inundação de uma grande região no entorno do rio onde se instale a barragem para formar o lago de abastecimento da usina, a eventual necessidade de mudança de populações inteiras por causa da formação do reservatório, a destruição de áreas verdes com prejuízos para a biodiversidade local, além de outros fatores que envolvam alterações na temperatura, salinização da água em decorrência da evaporação, assoreamento do lago etc., estão entre os impactos causados por uma barragem.

A maior usina hidrelétrica do mundo, localizada na China, é a Usina de Três Gargantas, construída no rio Yang Tsé com capacidade instalada de 18,2 mil megawatts de energia elétrica. No Brasil, a Usina Binacional de Itaipu, localizada na fronteira entre o Brasil e o Paraguai, construída no rio Paraná, tem capacidade instalada de cerca de 14 mil megawatts.

ENERGIA EÓLICA

Conforme a inquietação com os problemas ambientais ganharam vulto na sociedade, inúmeras nações passaram gradativamente a reunir ações com vistas a atender às demandas relativas a essa preocupação mundial. Com os recursos energéticos não tem sido diferente. Atualmente, projetos que visam à ampliação da utilização de fontes renováveis e limpas se sobressaem, entre os quais, vários estão ligados a energia eólica e a energia solar.

Assim, é essencial que nas aulas sejam destacadas a importância e a viabilidade desses recursos, a fim de que os alunos possam conhecê-los e entender que seu emprego é indispensável para a composição mais diversa da matriz energética, especialmente em países como o Brasil, que tem grande potencial para utilizá-los.

Vista como uma das fontes de energia mais interessantes, a energia eólica é considerada uma fonte limpa porque praticamente não oferece nenhum risco para o ambiente, e seu impacto, embora exista, é mínimo.

De acordo com Reis et al. (2005, p. 247),

> *O aproveitamento da energia dos ventos causa tanto impactos ambientais positivos quanto negativos. A geração de eletricidade por turbinas eólicas não emite dióxido de carbono, não produz chuva ácida, cinzas ou poluentes radioativos. Estes são aspectos positivos da geração eólica. Quanto aos aspectos negativos podem-se destacar como principais o ruído, a interferência eletromagnética e o impacto visual.*

As áreas onde são instadas as hélices podem, por exemplo, ser utilizadas para o desenvolvimento de outras atividades, como agricultura ou pecuária. Seu uso consiste na movimentação de hélices instaladas em locais onde há significativa constância da ação dos ventos e tem a finalidade de mover moinhos, bombear água e, principalmente, produzir energia elétrica.

De maneira simplificada, as turbinas ou aerogeradores podem ter seu funcionamento descrito da seguinte maneira: a energia cinética dos ventos é captada e transformada em energia mecânica por um rotor com pás que é acoplado, por meio de uma caixa de

---

ATENÇÃO

De acordo com dados obtidos em: AGÊNCIA Nacional de Energia Elétrica (Aneel). Disponível em: <http://www.aneel.gov.br/arquivos/PDF/atlas_par2_cap3.pdf>. Acesso em: 6 dez. 2011.

ATENÇÃO

De acordo com dados obtidos de: ITAIPU Binacional. Disponível em: <http://www.itaipu.gov.br/energia/geracao>. Acesso em: 6 dez. 2011.

transmissão, a um gerador, sendo este o responsável pela conversão da energia mecânica em elétrica.

A energia eólica é pouco utilizada se comparada com os recursos convencionais, e, embora tenha se tornado mais segura, grande parte do seu diminuto uso (corresponde a menos de 0,5% no mundo) se deve aos elevados custos de instalação, ainda que tenham apresentado queda gradativa ao longo dos anos. Com isso, pode-se dizer que a produção de energia por meio da força dos ventos tenha um futuro promissor.

Há milhares de turbinas em operação no mundo, mas é na Europa que se encontra a maioria delas, representando mais de 60% da produção mundial de energia que utiliza essa fonte. No Brasil, de acordo com a Aneel, há regiões com grande potencial eólico, com destaque para a Região Nordeste com 144,3 TWh/ano.

ENERGIA EÓLICA: POTÊNCIA INSTALADA NO MUNDO

País	Potência (MW)	% em relação ao total
Alemanha	22.247,40	23,7
Estados Unidos	16.818,80	17,9
Espanha	15.145,10	16,1
Índia	7.850,00	8,4
China	5.912,00	6,3
Dinamarca	3.125,00	3,3
Itália	2.726,10	2,9
França	2.455,00	2,6
Reino Unido	2.389,00	2,5
Portugal	2.130,00	2,3
Brasil	247,10	0,3
Total	**93.849,10**	**100,0**

Fonte: AGÊNCIA Nacional de Energia Elétrica (Aneel). Disponível em: <http://www.aneel.gov.br/arquivos/PDF/atlas_par2_cap5.pdf>. Acesso em: 1 dez. 2011.

Energia solar

É outra importante matriz energética alternativa, cujo aproveitamento ocorre a partir da incidência de raios solares na superfície terrestre. Pode ser uma possível via para a implementação de um sistema energético mais sustentável e seguro no futuro. Sua utilização tem crescido sensivelmente por meio da implantação das chamadas células fotovoltaicas capazes de gerar corrente elétrica.

Embora a disponibilidade de energia solar seja abundante, seu uso, assim como a energia eólica, representa apenas uma pequena fração das variadas possibilidades de matrizes energéticas do mundo atual. No entanto, segundo especialistas, isso está mudando rapidamente. Impulsionados pelas necessidades de se buscar fontes alternativas a fim de ampliar a diversificação energética e abrandar o aquecimento global, o acesso à energia solar tem sido ampliado, principalmente em países como Alemanha, Japão, Estados Unidos e Espanha que, juntos, representam 92,8% da potência instalada de células fotovoltaicas no mundo.

Entretanto, embora aponte para o futuro e a despeito do relativo barateamento de seu preço, os custos de instalação destas células ainda são muito elevados, fator que leva apenas um número limitado de países a apoiar o esforço que visa impulsionar a energia solar e torná-la mais competitiva, especialmente nas regiões mais ensolaradas, cuja demanda por energia deverá aumentar substancialmente nos próximos anos. A solução estaria na criação de uma tecnologia mais acessível, acompanhada do barateamento dos custos, fatores que a tornariam menos restrita nas próximas décadas.

Energia geotérmica

A energia geotérmica é aquela obtida pelo calor existente no interior da Terra. Seu uso depende da análise geológica e da vocação da região em oferecer condições adequadas de exploração, sendo que os principais recursos são os chamados gêiseres.

Países como Estados Unidos, Filipinas, Itália, Islândia, México, Nova Zelândia, entre outros, estão entre os que possuem maior potencial dessa matriz energética.

Assim como outras fontes (biomassa, hidráulica, eólica e solar), a geotérmica é considerada inesgotável.

Em centrais geotérmicas, o vapor é utilizado para movimentar turbinas.

Células fotovoltaicas: também chamadas de células solares, convertem a energia solar diretamente em eletricidade. As fotovoltaicas foram criadas em 1954 e tornaram-se muito conhecidas anos depois, por meio de calculadoras solares. Essas células contêm silício purificado (proveniente da areia) e traços de substâncias (como o sulfeto de cádimo) que conduzem pequenas quantidades de eletricidade, quando atingidas pela luz solar. Como cada célula produz uma pequena quantidade de energia, elas têm de ser mantidas juntas para atender às necessidades energéticas de uma residência. (Cf. DASHEFSKY, 2003, p. 54).

ATENÇÃO

De acordo com dados obtidos de: AGÊNCIA Nacional de Energia Elétrica (Aneel). Disponível em: <http://www.aneel.gov.br/arquivos/PDF/atlas_par2_cap5.pdf>. Acesso em: 1 dez. 2011.

Gêiseres: correspondem a erupções periódicas de água e vapor resultantes do intenso aquecimento originário do interior da Terra. Seu aproveitamento comercial se dá pela utilização do vapor ou da água quente provenientes do subsolo na geração de eletricidade.

De acordo com Reis et al. (2005, p. 276), "a água e o vapor localizados nos reservatórios podem produzir eletricidade de duas maneiras":

- *O vapor é separado da água em um vasilhame especial, depois é usado para acionar a turbina. A água que permanece é normalmente reinjetada de volta à terra;*

- *Na segunda maneira, a água é usada para aquecer outro líquido que evapora numa temperatura menor. Este líquido em estado de vapor é então usado para acionar a turbina, e a água original é devolvida ao subsolo.*

Nos últimos anos, não houve um incremento significativo de centrais geotérmicas no mundo, embora em alguns países, como Estados Unidos e Islândia, seu uso tenha apresentado crescimento.

De acordo com os dados sobre energias renováveis constantes do BP Statistical Review of World Energy de 2008, a capacidade mundial total instalada em 2007 era de 9.720 MW. A maior parte desta potência concentrava-se nos Estados Unidos (2.936 MW), Filipinas (1.978 MW) e México (959 MW) que, juntos, respondiam por 60% da capacidade instalada total.

> **ATENÇÃO**
> *Informação obtida em: AGÊNCIA Nacional de Energia Elétrica (Aneel). Disponível em: <http://www.aneel.gov.br/arquivos/PDF/atlas_par2_cap5.pdf>. Acesso em: 2 dez. 2011.*

No Brasil, de acordo com a Aneel, não há captação dessa matriz energética, nem sob a forma experimental.

9.2. RECURSOS NÃO RENOVÁVEIS

COMBUSTÍVEIS FÓSSEIS

Os combustíveis fósseis são assim chamados porque derivam de um lento processo de decomposição de plantas e animais soterrados juntamente com sedimentos. Sua formação ocorreu ao longo de milhões anos, em um ambiente com pouco oxigênio e em condição de pressão e temperatura elevadas. (Cf. REIS et al., 2005; TEIXEIRA et al., 2001). Petróleo, gás natural, carvão mineral e xisto betuminoso são os combustíveis de origem fóssil conhecidos.

Ao conhecerem a importância estratégica que possuem os combustíveis fósseis e os efeitos que seu uso provoca sobre a natureza, os alunos poderão compará-los com as diferentes fontes energéticas disponíveis, e analisar as vantagens e desvantagens de cada uma.

A descoberta recente de jazidas na camada pré-sal em águas marinhas, que está possibilitando ao Brasil ser um dos maiores detentores de reservas de petróleo no mundo, coloca em evidência o debate acerca da utilização dos recursos energéticos de origem fóssil que, como se sabe, são motivo de inúmeras contestações, desde a prospecção até sua utilização final, em todo o planeta.

O petróleo, em especial, é motivo de disputas políticas travadas no século XX e no início do século XXI, que geraram conflitos armados. Além disso, é controverso também do ponto de vista ambiental por já ter causado graves acidentes que provocaram vazamentos de óleo nos oceanos, e pela suposta responsabilidade pelo aquecimento global, o que o coloca na mira de ecologistas.

A nosso ver, portanto, a realidade nacional e internacional atual constitui um tema de suma importância para se discutir, em sala de aula sob várias óticas, entre as quais a econômica, a apolítica, a ambiental etc.

a) Petróleo e gás natural

O petróleo é a principal fonte energética utilizada pela humanidade. Normalmente, onde há reservas petrolíferas é encontrado também o gás natural.

A respeito de sua origem, Reis et al. (2005, p. 181) afirmam:

> *A teoria mais difundida (e aceita) é que a matéria orgânica, depositada em bacias sedimentares, com a ação do tempo, do calor e das pressões das rochas, deu origem ao petróleo e ao gás natural. Para sua formação, é necessário: a) a matéria orgânica acumulada; b) a existência de uma rocha em formação; c) a existência de rochas acumuladoras; e d) de uma rocha (chamada "armadilha" ou "trapa") que impede o escoamento dos hidrocarbonetos do reservatório. Os hidrocarbonetos são encontrados no interior de rochas porosas e não em um leito contínuo.*

A exploração petrolífera teve início ainda no século XIX, mas foi com a invenção dos motores de combustão interna e a produção de automóveis no início do século XX que sua utilização tornou-se expressiva e cada vez mais crescente. A primeira década do século XXI, por exemplo, fechou com um consumo mundial diário de mais de 87 milhões de barris por dia.

ATENÇÃO

Um barril de petróleo contém 158,9 litros e seu preço oscila de acordo com o mercado. Em primeiro de dezembro de 2011, segundo a Organização dos Países Exportadores de Petróleo (Opep), um barril custava US$ 109,41. Informação obtida de: OPEC. Disponível em: <http://www.opec.org/opec_web/en/data_graphs/40.htm>. Acesso em: 3 dez. 2011.

CONSUMO MUNDIAL DIÁRIO DE PETRÓLEO (MIL BARRIS/DIA)

2001	2002	2003	2004	2005	2006	2007	2008	2009	2010
77.304	78.268	79.823	82.827	84.126	84.958	86.428	85.999	84.714	87.382

Fonte: AGÊNCIA Nacional do Petróleo (ANP). Disponível em: <http://www.anp.gov.br/?pg=57890>. Acesso em: 3 dez. 2011.

ATENÇÃO

"Do total do volume de petróleo contido em uma jazida, apenas uma parte (em torno de 30%) é recuperável; das jazidas de gás natural é possível extrair um montante superior (chega a 80%)".
Reis et al. (2005, p. 182).

Organização dos Países Exportadores de Petróleo (Opep): organização criada em 1960 para unificar a política de petróleo dos principais países produtores e exportadores. A Opep fechou o ano de 2010 com o controle de 81,33% das reservas internacionais. São membros: Angola, Arábia Saudita, Argélia, Catar, Emirados Árabes Unidos, Equador, Irã, Iraque, Kuwait, Líbia, Nigéria e Venezuela. Conforme dados disponíveis no site: OPEP. Disponível em: <http://www.opec.org/opec_web/en/>. Acesso em: 3 de dez. 2011.

ATENÇÃO

Conforme dados obtidos em: OPEC. Disponível em: <http://www.opec.org/opec_web/en/data_graphs/330.htm>. Acesso em: 3 dez. 2011.

ATENÇÃO

Dados referentes ao ano de 2010. Dados obtidos em: AGÊNCIA Nacional de Petróleo. Disponível em: <http://www.anp.gov.br/?pg=57890>. Acesso em: 3 dez. 2011.

Tanto o petróleo quanto o gás natural são considerados hidrocarbonetos (combinação de hidrogênio com carbono).

A importância desses recursos pode ser verificada pela quantidade de derivados que são amplamente utilizados no dia a dia. Após sua extração, o petróleo é levado a uma refinaria a fim de processar a separação de seus componentes para que sejam produzidos derivados como gasolina, óleo diesel, querosene, gás liquefeito de petróleo (GLP), também conhecido como gás de cozinha, asfaltos etc. Já o gás natural, após seu beneficiamento, é usado principalmente como combustível para veículos, aquecimento residencial e substituindo o GLP em residências e comércio.

A maioria das reservas de petróleo no mundo encontra-se na Ásia, especialmente na região do Oriente Médio com 65,7% das reservas internacionais. No entanto, de acordo com a Organização dos Países Exportadores de Petróleo (Opep), é a Venezuela, com 24,8%, que possui a maior reserva comprovada. Em seguida vêm os países do Oriente Médio, com destaque para Arábia Saudita (22,2%), Irã (12,7%) e Iraque (12%). Já em relação ao gás natural, é a Rússia que possui as maiores reservas comprovadas, com 44,76 trilhões de m^3, seguida de Irã (29,61), Catar (25,32) e Turcomenistão (8,03).

Por ser a principal fonte energética do século XX e início do século XXI, o petróleo sempre foi alvo de cobiça, que gerou diversos conflitos internacionais. Após a Segunda Guerra Mundial, seu controle esteve em poder das grandes empresas petrolíferas ocidentais. Um cartel formado por transacionais ficou conhecido como "Sete Irmãs". Somente após a criação da Opep o poder desse oligopólio começou a declinar, embora ainda hoje seja bastante influente no mercado petrolífero.

Países membros da Opep conseguiram aumentar suas reservas nos últimos anos, por meio da adoção de melhorias tecnológicas na prospecção de petróleo. Como resultado, atualmente as reservas comprovadas de petróleo da Organização estão em 1.190 bilhões de barris, conforme dados da própria Opep.

No Brasil, a principal região de exploração petrolífera ocorre na Bacia de Campos-RJ, com aproximadamente 84% da produção de petróleo e 42% da de gás natural. O País possui reserva comprovada de 14,4 bilhões de barris de petróleo, o que o tornou autossuficiente nesse recurso, e 423 bilhões de m^3 de gás natural.

b) Carvão mineral

Consta-se que "o carvão mineral é utilizado há mais de 2000 anos, desde a época da ocupação romana da Inglaterra, quando era usado para aquecer as casas dos romanos". (Cf. TEIXEIRA et al., 2001, p. 472). No entanto, apenas no século XVIII, com a invenção da máquina a vapor que, sua utilização ganhou larga escala, possibilitando o amplo desenvolvimento da indústria mundial. O carvão mineral é também muito utilizado na obtenção de energia elétrica em usinas termelétricas por meio de sua queima, constituindo-se na principal fonte energética para obtenção de energia elétrica no mundo.

Esse material é sólido, possui cor escura e é encontrado em grandes jazidas em regiões da Ásia, da Europa e da América do Norte, se constituindo como um recurso abundante na natureza.

Por ser poluente e não renovável, o carvão mineral "tem enfrentado alguma resistência por parte dos organismos internacionais, principalmente em virtude das novas exigências com relação ao controle das emissões de gases de efeito estufa e destruição da camada de ozônio". (REIS et al., 2005, p. 214).

No Brasil, praticamente todo o carvão extraído é utilizado em usinas termelétricas. As principais jazidas brasileiras localizam-se na Região Sul e representam 1,5% da matriz energética do País. Do volume de reservas, o Estado do Rio Grande do Sul responde por 89,25%; Santa Catarina, 10,41%; Paraná, 0,32% e São Paulo, 0,02%.

O carvão pode ser dividido em dois grupos: o que é considerado de baixa e o de alta qualidade. O primeiro é usado principalmente em produção de energia elétrica e está subdividido em: linhito e sub-betuminoso – representa 47% das reservas mundiais. O segundo, que possui alto teor de carbono, é conhecido por hulha e se subdivide em: betuminoso e antracito; seu uso é voltado principalmente para a produção de energia, em siderúrgicas, e como combustível – soma 53% das reservas mundiais.

Cartel: associação de empresas concorrentes com a finalidade de controlar o mercado em que atuam, a fim de obterem maiores lucros. Também chamado de oligopólio.

ATENÇÃO

Dados obtidos em: AGÊNCIA Nacional de Petróleo (ANP). Disponível em: <http://www.anp.gov.br/?pg=58071&m=&t1=&t2=&t3=&t4=&ar=&ps=&cachebust=1322944527469#Se__o_2>. Acesso em: 3 dez. 2011.

ATENÇÃO

O Carvão responde por 41% da produção de energia elétrica mundial. Bem à frente do gás natural, a segunda fonte mais utilizada, com 20%. Informação obtida em: AGÊNCIA Nacional de Energia Elétrica (Aneel). Disponível em: <http://www.aneel.gov.br/arquivos/PDF/atlas_par3_cap9.pdf>. Acesso em: 3 dez. 2011.

ATENÇÃO

Informação obtida em: AGÊNCIA Nacional de Energia Elétrica (Aneel). Disponível em: <http://www.aneel.gov.br/arquivos/PDF/atlas_par3_cap9.pdf>. Acesso em: 3 dez. 2011.

c) Folhelho ou xisto betuminoso

O xisto betuminoso corresponde a uma rocha de granulação fina e relativamente rica em petróleo. Por se tratar de uma rocha de baixa permeabilidade, a extração do petróleo exige um complexo processo de beneficiamento, o que torna sua exploração economicamente inviável no caso de baixa concentração de hidrocarbonetos.

De acordo com Teixeira et al. (2001) o Brasil é um dos países com maior reserva desse produto no mundo.

ENERGIA NUCLEAR

Outra importante forma de utilização de energia se dá pelo aproveitamento da energia nuclear. Diversos países geram energia elétrica por meio de usinas termonucleares, nas quais a geração de energia elétrica é feita com a utilização de turbinas movidas a vapor de água que é aquecida por combustível nuclear.

A energia nuclear é obtida a partir da fissão (quebra, divisão) controlada do núcleo de urânio. A fissão ocorre pelo "bombardeio" (choque) de nêutrons que, ao atingirem o núcleo, provocam a liberação de mais três nêutrons e calor, estes provocam novos "bombardeios" que liberam mais nêutrons e mais calor, e, assim, sucessivamente, em uma reação em cadeia. (Cf. TEIXEIRA et al., 2001).

Para fins de produção de energia elétrica, esse processo é realizado em reatores nucleares instalados nas usinas geradoras de eletricidade e correspondem a 15% da eletricidade gerada no mundo.

> **Urânio:** minério metálico de aspecto semelhante ao aço, maleável, dúctil e 80% mais denso que o chumbo. Sua importância principal está no fato de ser material radioativo. É encontrado em abundância no planeta. (Cf. GUERRA; GUERRA, 2009)

> **Reatores nucleares:** são os sistemas de geração de energia por fissão nuclear. Em uma usina, a fim de prevenir acidentes, o núcleo do reator é mantido em uma caixa de aço inoxidável, sendo que, para uma segurança extra, o reator inteiro é guardado em uma construção de concreto. (Cf. TEIXEIRA et al., 2001)

MAIORES CONSUMIDORES MUNDIAIS DE ENERGIA NUCLEAR

País	TWh	%
Estados Unidos	848,9	30,9
França	440,4	16,0
Japão	279,0	10,1
Rússia	159,8	5,8
Coreia do Sul	142,9	5,2
Alemanha	140,5	5,1
Canadá	93,3	3,4
Ucrânia	92,5	3,4
Suécia	67,4	2,5
China	62,9	2,3
Brasil	12,4	0,4
Total	2.748,9	100,0

Fonte: AGÊNCIA Nacional de Energia Elétrica (Aneel). Disponível em: <http://www.aneel.gov.br/arquivos/PDF/atlas_par3_cap8.pdf>. Acesso em: 4 dez. 2011.

A produção de energia elétrica nessas usinas utilizando material radioativo tem sido motivo de muita polêmica pelos riscos que oferece e também pelo alto custo de implantação e obtenção da energia, além do que os especialistas consideram um dos mais graves problemas: a produção de lixo tóxico radioativo.

Os riscos de acidentes com essas usinas também têm sido motivo de preocupação: pois embora raros, podem causar graves danos caso haja vazamento de material radioativo que, entre outras consequências, provoca o surgimento de células cancerígenas nos animais e nos homens. Exemplos de graves acidentes que ocorreram com usinas nucleares são o de Chernobyl, na extinta União Soviética, em 1986, que, após uma explosão em um reator, liberou uma grande nuvem radioativa na atmosfera. Na central nuclear de Fukushima I, no Japão, em 2011, em decorrência de um terremoto seguido de tsunami que abalou as estruturas da usina, houve um superaquecimento em seus reatores e radioatividade foi liberada. Nos dois casos, como é sabido, ocorreram danos graves com ferimentos, contaminação e mortes de pessoas.

Mesmo oferecendo riscos e produzindo lixo radioativo, a energia nuclear é apontada como uma alternativa de matriz energética. A instalação dessas usinas representa a economia de combustíveis fósseis, e, dessa maneira, contribuiria para evitar o aumento do aquecimento global.

O Brasil possui duas usinas nucleares em operação: Angra I e Angra II, que atuam com capacidade abaixo daquela para a qual foram projetadas. Juntas, representam aproximadamente 2,5% da produção total de energia elétrica no País.

A operação de Angra III está prevista para ter início em 2014.

9.3. TRABALHANDO O TEMA COM OS ALUNOS

a. Atividade 1: Conhecendo as matrizes energéticas.

Contextualize a situação do Brasil como pioneiro na utilização da biomassa perante um mundo preocupado com o aquecimento global. Converse com os alunos a respeito da importância dos recursos energéticos e da relação que possuem com a preservação ambiental.

b. Objetivos: Analisar e comparar as alternativas de produção de energia existentes; identificar geograficamente as matrizes brasileiras; reconhecer a importância da energia para a sociedade.

> **ATENÇÃO**
>
> *Embora não seja considerada poluente, a energia nuclear apresenta dois graves inconvenientes: o risco de acidentes que possam liberar radioatividade no ambiente, provocando contaminação; e a necessidade de armazenamento dos resíduos (lixo tóxico) gerados pelo urânio, que permanecem radioativos por milhares de anos.*

> **ATENÇÃO**
>
> *Informação obtida em: AGÊNCIA Nacional de Energia Elétrica (Aneel). Disponível em: <http://www.aneel.gov.br/arquivos/PDF/atlas_par3_cap8.pdf>. Acesso em: 4 dez. 2011.*

c. Desenvolvimento:

Módulo 1: Organize a turma em grupos e distribua a eles imagens relacionadas às formas de produção de energia. Por exemplo: fotos de uma plataforma de produção de petróleo; de uma plantação de cana-de-açúcar; de usinas hidrelétrica, nuclear, termelétrica etc.; de uma jazida de carvão, de um parque eólico, entre outros. Peça que tentem identificá-las. Questione-os: com o que se poderia relacionar as imagens? Quais são mais comuns no Brasil? Por quê? Construa com eles o caminho para se chegar ao reconhecimento dos recursos energéticos.

Módulo 2: Distribua a cada grupo um mapa do Brasil com as divisões estaduais (mudo), e solicite que os alunos realizem uma pesquisa com a finalidade de localizar geograficamente lugares de produção de energia no País. Por exemplo: onde se encontram as usinas termelétricas; onde há grandes plantações de cana-de--açúcar etc. Os alunos deverão indicar, no mapa, a localização aproximada, inclusive as marítimas, e registrar nos cadernos informações relevantes sobre capacidade de produção, quantidade de trabalhadores envolvidos etc. de cada uma durante a pesquisa. Delegue uma região ou estados do País a cada grupo.

Módulo 3: Analise os mapas preenchidos e os apontamentos registrados nos cadernos. Como se saíram? Com uma aula expositiva, apresente as diferenças mais marcantes a respeito das fontes energéticas. Discuta também as polêmicas que envolvem cada uma delas, como principais vantagens e desvantagens, custos, efeitos em relação ao meio ambiente, entre outros. Aproveite para discutir com os alunos a importância dos combustíveis fósseis no mundo, principalmente do petróleo, não apenas no aspecto energético propriamente dito, mas nos aspectos econômico, político, ambiental etc.

Módulo 4: Utilizando os dados coletados pelos alunos e outros que podem ser obtidos em páginas da Internet, como as apresentadas nesse capítulo e também em livros e textos jornalísticos sobre o tema, discuta o papel do Brasil em relação à produção do etanol.

Questione-os novamente: o que significa ampliar as terras agricultáveis para a produção de cana? Ela estaria ou não tomando o lugar da produção de alimentos como muitos afirmam? Qual seria a consequência disso? Para o Brasil, qual é a importância de ter carros movidos a álcool?

d. Avaliação: Solicite aos grupos a retomada das anotações anteriores, do trabalho com os mapas e das anotações de aula. Peça

ATENÇÃO

Além das páginas já apresentadas ao longo do capítulo, também há dados sobre energia que podem ser sugeridos aos alunos e obtidos em: PORTAL Brasil. Disponível em: <http://www.brasil.gov.br/sobre/energia> e MINISTÉRIO de Minas e Energia. Disponível em: <http://www.mme.gov.br/mme>. Acessos em: 9 dez. 2011.

que as revejam com a finalidade de produzirem um texto em que exponham o que pensam sobre as matrizes energéticas. Se há alguma que seja mais eficiente; qual seria a mais interessante para o País e o mundo; a relação com os riscos que oferecem, enfim, que exponham o que aprenderam sobre o tema.

Analise se a produção dos alunos reconhece a importância dos recursos energéticos para a sociedade e se a veem com olhar crítico.

a. Atividade 2: A importância da diversidade da matriz energética brasileira.

b. Objetivo: Conhecer e analisar a matriz energética do Brasil.

c. Desenvolvimento:

Módulo 1: Peça aos alunos que citem quais recursos energéticos conhecem. Para apoiá-los, aproxime o tema do cotidiano, perguntando, por exemplo, sobre o que sabem a respeito dos tipos de combustíveis utilizados pelos veículos, como eles imaginam ser a origem da corrente elétrica que abastece as casas etc. Apresente a eles a variedade de fontes de energia que o Brasil utiliza. Encaminhe uma discussão coletiva, focando os aspectos mais significativos a respeito de cada uma dessas fontes. O Brasil utiliza mais energia renovável ou não? Qual é a importância disso? Coloque também a seguinte questão: é possível viver sem os recursos energéticos? Proponha que a respondam em duplas ou em trios. Debatam as respostas a fim de que tenham elementos para desenvolver a atividade seguinte.

Módulo 2: Os alunos, organizados em grupos e apoiados pelo professor, confeccionarão painéis em que apresentem as matrizes energéticas brasileiras abordando a importância, a disponibilidade, a eficiência, enfim, as características mais relevantes de cada uma. Indique referências na Internet ou livros para que possam consultá-los, juntamente com outros materiais de apoio que conseguirem. O objetivo é gerar um grande debate sobre o tema e expor os painéis na escola.

d. Avaliação: Em aula, organize uma discussão das diferentes matrizes. Dessa vez, procure interferir menos e priorize a análise dos argumentos de cada grupo, que deverá apresentar os prós e os contras de cada fonte energética. Avalie a participação nessas discussões coletivas e o quanto puderam avançar no tema.

> **ATENÇÃO**
>
> *Informações completas sobre as matrizes brasileiras podem ser encontradas em: PORTAL Brasil. Disponível em: <http://www.brasil.gov.br/sobre/energia/matrizes-brasileiras>. Acesso em: 9 dez. 2011.*

9.4. PARA FINALIZAR

Neste capítulo, buscamos sumariamente apresentar os aspectos mais relevantes das matrizes energéticas no Brasil e no mundo. Com os alunos, tal discussão deve ser levada, no nosso entender, para a uma relação com o cotidiano, fazendo-os perceber que a energia é algo que faz parte da vida de todos, e que se trata de uma necessidade para a organização e o funcionamento da sociedade em todos os âmbitos.

É fundamental estimular discussões como, por exemplo, que remetam à utilização de combustíveis fósseis, principalmente o do petróleo, que tornou a vida humana mais cômoda. Mas também devem ser analisadas as polêmicas que envolvem essa fonte energética, já que seu uso libera CO_2 na atmosfera, e sua excessiva emissão tem causado, conforme afirmam muitos cientistas, alterações na temperatura global.

Ao trabalhar um tema tão debatido atualmente em todo o mundo, o professor deve relativizar o uso, a disponibilidade, os custos e, claro, as consequências ao ambiente de todas as fontes energéticas. Isso, evidentemente, sem perder de vista o papel do Brasil que, nesse momento histórico, possui grande diversidade de oferta interna de energia.

9.5. SUGESTÕES DE LEITURA

BRANCO, Samuel M. **Energia e meio ambiente**. São Paulo: Moderna, 2001.

BRASIL: SECRETARIA DE EDUCAÇÃO FUNDAMENTAL. **Parâmetros Curriculares Nacionais**: geografia. Brasília: MEC/SEF, 1998.

PIVA, Marcos. O novo ouro de tolo? Revista **Fórum**: outro mundo em debate, São Paulo: Publisher Brasil, n. 3, abr. 2007. Disponível em: <http://www.revistaforum.com.br/conteudo/detalhe_materia.php?codMateria=149/o-novo-ouro-de-tolo?>. Acesso em: 3 dez. 2011.

SANCHES, Luiz Antonio U. A geografia da energia no Brasil: do império ao Estado novo. **Geografia**: conhecimento prático, São Paulo, n. 38, p. 38-47, jul. 2011.

_____. A geografia da energia no Brasil: dos anos 40 aos dias de hoje. **Geografia**: conhecimento prático, São Paulo, n. 39, p. 38-47, ago. 2011.

TUNDISI, Helena da Silva F. **Usos de energia**. 6. ed. São Paulo: Atual, 1996.

9.6. BIBLIOGRAFIA

AGÊNCIA Nacional de Energia Elétrica (Aneel). Disponível em: <http://www.aneel.gov.br/arquivos/PDF/atlas_par2_cap3.pdf>. Acesso em: 29 nov. e 6 dez. 2011.

AGÊNCIA Nacional do Petróleo (ANP). Disponível em: <http://www.anp.gov.br/?pg=57890>. Acesso em: 3 dez. 2011.

ATLAS GEOGRÁFICO ESCOLAR/IBGE. Rio de Janeiro: IBGE, 2002.

BALANÇO Energético Nacional. Disponível em: <https://ben.epe.gov.br/downloads/Relatorio_Final_BEN_2011.pdf>. Acesso em: 27 nov. 2011.

BRANCO, Samuel M. & MURGEL, Eduardo. **Poluição do ar**. São Paulo: Moderna, 2002.

BRASIL. SECRETARIA DE EDUCAÇÃO FUNDAMENTAL. **Parâmetros Curriculares Nacionais**: geografia. Brasília: MEC/SEF, 1998.

CETESB. Disponível em: <http://www.cetesb.sp.gov.br/ar/Emiss%C3%A3o-Ve%C3%ADcular/13--Combust%C3%ADveis>. Acesso em: 29 nov. 2011.

DASHEFSKY, Steven H. Dicionário de ciência ambiental: um guia de A a Z. 3. ed. São Paulo: Gaia, 2003.

GOLDENBERG, José. O caminho até Joanesburgo. In: TRIGUEIRO, André (Coord.). **Meio ambiente no século 21**: 21 especialistas falam da questão ambiental nas suas áreas de conhecimento. 4. ed. Campinas: Armazém do Ipê, 2005, p. 170-181.

GUERRA, Antônio T.; GUERRA, Antonio José T. **Novo Dicionário geológico-geomorfológico**. 7. ed. Rio de Janeiro: Bertrand Brasil, 2009.

ITAIPU Binacional. Disponível em: <http://www.itaipu.gov.br/energia/geracao>. Acesso em: 6 dez. 2011.

MANNERS, Gerald. **Geografia da energia**. 2. ed. Rio de Janeiro: Zahar, 1976.

MINISTÉRIO de Minas e Energia. Disponível em: <http://www.mme.gov.br/mme>. Acesso em: 9 dez. 2011.

OPEC. Disponível em: <http://www.opec.org/opec_web/en/data_graphs/40.htm>. Acesso em: 3 dez. 2011.

OPEC. Disponível em: <http://www.opec.org/opec_web/en/>. Acesso em: 3 de dez. 2011.

PIVA, Marcos. O novo ouro de tolo? Revista **Fórum**: outro mundo em debate, São Paulo: Publisher Brasil, n. 3, abr., 2007. Disponível em: <http://www.revistaforum.com.br/conteudo/detalhe_materia.php?codMateria=149/o-novo-ouro-de-tolo?>. Acesso em: 3 dez. 2011.

PORTAL Brasil. Disponível em: <http://www.brasil.gov.br/sobre/energia>. Acesso em: 9 dez. 2011.

REIS, Lineu B. dos; FADIGAS, Eliane A. Amaral.; CARVALHO, Cláudio E. **Energia, recursos naturais e a prática do desenvolvimento sustentável.** Barueri: Manole, 2005.

ROSA, Luiz P.; BARROS, Fernando de S.; BARREIROS, Suzana R. **A política nuclear no Brasil**. São Paulo: Greenpeace, 1991.

TEIXEIRA, Wilson et al. **Decifrando a Terra**. São Paulo: Oficia de Textos, 2001.

TUNDISI, Helena da Silva F. **Usos de energia**. 6. ed. São Paulo: Atual, 1996.